A CONVIVÊNCIA ENTRE O ACORDO COLETIVO E A CONVENÇÃO COLETIVA DE TRABALHO

AUTORIA
LEONARDO HENRIQUE BERKEMBROCK

A CONVIVÊNCIA ENTRE O ACORDO COLETIVO E A CONVENÇÃO COLETIVA DE TRABALHO

2024

LTr Editora Ltda.

Rua Jaguaribe, 571
CEP 01224-003
São Paulo, SP — Brasil
Fone (11) 2167-1101
www.ltr.com.br
Janeiro, 2024

Produção Gráfica e Editoração Eletrônica: RLUX
Projeto de capa: DANILO REBELLO
Impressão: META BRASIL

Versão impressa — LTr 6406.2 — ISBN 978-65-5883-239-3
Versão digital — LTr 9906.7 — ISBN 978-65-5883-240-9

Dados Internacionais de Catalogação na Publicação (CIP)
(Câmara Brasileira do Livro, SP, Brasil)

Berkembrock, Leonardo Henrique
A convivência entre o acordo coletivo e a convenção coletiva de trabalho / Leonardo Henrique Berkembrock — São Paulo : LTr Editora, 2024.

Bibliografia.
ISBN 978-65-5883-239-3

1. Conveções coletivas de trabalho — Brasil — 2. Direito do trabalho— Brasil I. Título.

23-155009 CDU-34:331 (81)

Índice para catálogo sistemático:

1. Brasil : Direito do trabalho 34:331 (81)

Eliane de Freitas Leite — Bibliotecária — CRB-8/8415

Dedico esse estudo à minha família e a toda equipe do escritório Dall'Agnol e Berkembrock Advogados Associados, pela compreensão deste tempo de estudos e pelo apoio incondicional na realização deste trabalho.

AGRADECIMENTOS

A realização do mestrado não seria possível sem a compreensão e o suporte da minha esposa, Alana Vanderlinde Berkembrock, e dos meus filhos, Isabella Vanderlinde Berkembrock, Leonardo Henrique Berkembrock Filho e Laura Vanderlinde Berkembrock, aos quais agradeço com todo amor e carinho.

Ao meu orientador, Professor Thiago Santos Aguiar de Pádua, minha gratidão por iluminar os caminhos deste estudo com serenidade, gentileza e incentivo.

À maravilhosa equipe do escritório Dall'Agnol e Berkembrock Advogados Associados, que, nesses dois anos, não mediram esforços para que eu tivesse o tempo e a tranquilidade necessários para uma dedicação digna ao mestrado, meu agradecimento.

Aos Meus professores e amigos acadêmicos desses dois anos, agradeço-lhes a oportunidade de convívio e o conhecimento partilhado.

Meu agradecimento ao amigo Professor Tulio de Oliveira Massoni pelas incontáveis conversas sobre o fenômeno jurídico da interação entre o acordo coletivo e a convenção coletiva de trabalho.

Aos colaboradores do Mestrado em Direito das Relações Sociais e Trabalhistas, muito obrigado pelas informações e pelo suporte durante o curso, especialmente no período pandêmico. Vocês foram magníficos.

Por fim, agradeço à competentissima Professora Marina Arantes, pela revisão ortográfica e pelas inúmeras dicas altruisticamente dadas para que meu texto fosse apresentado com mais clareza e objetividade.

SUMÁRIO

CAPÍTULO 4
NEGOCIAÇÃO COLETIVA

CAPÍTULO 5
ACORDO COLETIVO E CONVENÇÃO COLETIVA DE TRABALHO

PREFÁCIO

É com imensa satisfação que apresentamos à comunidade jurídica a obra intitulada "A convivência entre o acordo coletivo e a convenção coletiva de trabalho", da lavra de Leonardo Henrique Berkembrock, fruto de dedicada pesquisa apresentada no curso de Mestrado em Direito das Relações Sociais e Trabalhistas do Centro Universitário do Distrito Federal — UDF, em dissertação defendida com habilidade perante criteriosa banca examinadora.

Em tal obra, o autor se debruça sobre questão das mais relevantes do direito coletivo do trabalho, envolvendo a compreensão magna do artigo 620 da Consolidação das Leis do Trabalho, pelo prisma estrutural do Estado Democrático de Direito.

O estudo do direito é uma busca constante pela compreensão das complexas relações entre indivíduos, instituições e sociedade. Neste livro somos apresentados à visão distinta da convivência das normas coletivas do trabalho que moldam nossa sociedade e nosso sistema jurídico, ambos em constante evolução.

Utilizando-se da estrutura do Estado Democrático de Direito, o autor, com muita perspicácia, refletiu a referência desse sistema normativo para o direito coletivo do trabalho nacional, com o desponte reconhecimento de que a análise do acordo coletivo e da convenção coletiva de trabalho, como fontes normativas do direito, é fundamental para se compreender como as relações trabalhistas estão evoluindo no Brasil, reforçando a acuidade de haver o equilíbrio entre a autonomia coletiva e a proteção dos direitos trabalhistas.

Adiante, o autor propõe uma reflexão significativa sobre a autonomia privada coletiva no direito do trabalho, começando por abordar a conotação e distinção dos conceitos de autonomia e vontade. Isso envolve uma análise do poder individual da autonomia da vontade e da autonomia privada como um exercício de poder para estabelecer normas jurídicas, reconhecido ou atribuído pelo Estado. Essa reflexão também inclui as conotações de autonomia privada individual e autonomia privada coletiva.

Posteriormente, o autor se dedica ao estudo das fontes do direito do trabalho, observando que, no contexto dos instrumentos normativos negociados, o acordo coletivo e a convenção coletiva não são o mesmo tipo de ato jurídico e não têm o propósito de regular a mesma situação legal. Portanto, não é possível estabelecer uma hierarquia entre eles, já que um não serve de base para a validade do outro. Em outras palavras, não existe uma relação automática de supletoriedade, complementariedade ou suplementaridade entre eles, a menos que as partes envolvidas expressem essa intenção por meio do exercício de sua autonomia coletiva.

Em seguida, o autor desenvolve uma análise da negociação coletiva e sua finalidade dentro do Estado Democrático de Direito. Ele enfatiza a importância de dar mais atenção à legitimidade e ao poder dos representantes coletivos do que ao conteúdo da negociação coletiva em si, a qual está em constante evolução. A negociação coletiva não deve ser restrita apenas a melhorar as condições de trabalho, mas sim vista como um instrumento de desenvolvimento e adaptação, desde que dentro dos limites estabelecidos pela lei. A direção desse processo deve ser determinada pelo poder social conferido à autonomia privada coletiva.

Por fim, ao abordar os conceitos de acordo coletivo e convenção coletiva de trabalho, o autor dedica atenção especial ao artigo 620 da CLT. Nessa análise, ele reflete sobre a redação original do artigo e as mudanças ao longo do tempo. O autor observa que a alteração promovida pela Lei Federal n. 13.467/2017 eliminou a ideia de conflito entre acordos e convenções coletivas. Isso ressalta a descentralização da negociação coletiva no Brasil, fortalece os sindicatos na resolução de conflitos trabalhistas e destaca a importância dos princípios de autonomia privada coletiva, liberdade sindical e representação sindical.

O campo das negociações coletivas do trabalho é dinâmico e multifacetado, exercendo uma profunda influência no direito coletivo do trabalho. Este livro foi concebido com o propósito de servir como uma ferramenta valiosa para operadores do Direito, acadêmicos e todos aqueles que desejam aprofundar seu entendimento das complexidades do discurso argumentativo presente no artigo 620 da CLT.

A obra que temos a honra de prefaciar é um testemunho do comprometimento do autor e de suas contribuições técnicas e científicas ao longo dos anos no campo do direito do trabalho. Apreciem a leitura e absorvam o conhecimento valioso que está prestes a ser compartilhado!

Manaus, 31 de outubro de 2023.

Gabriela Eulalio de Lima

"Os pensamentos obedecem à lei da gravidade, de modo que o caminho da cabeça para o papel é muito mais fácil do que o caminho do papel para a cabeça, então é preciso ajudá-los no segundo percurso com todos os meios à nossa disposição."

Arthur Schopenhauer

INTRODUÇÃO

O ingresso no Mestrado em Direito das Relações Sociais e Trabalhistas teve como causa principal a inquietação deste aluno sobre o art. 620 da CLT. Essa inquietação foi potencializada com a edição da Lei n. 13.467/2017, responsável por alterar por completo o tratamento sobre a convivência entre o acordo coletivo e a convenção coletiva.

Na antiga redação, o referido dispositivo indicava que a convivência do acordo coletivo e da convenção coletiva supunha que o diploma coletivo mais favorável prevaleceria sobre o menos favorável, enquanto, na nova redação, o acordo coletivo sempre prevalecerá sobre a convenção coletiva.

Ainda no projeto de pesquisa desta dissertação, ao examinar o art. 620 da CLT, na antiga e na atual redação, meus estudos e a minha interpretação estavam assentados na premissa de que o referido dispositivo normativo pressupunha um conflito entre normas coletivas.

Essa lógica inspirou, inclusive, o artigo escrito em coautoria com o Professor Ricardo José Macêdo de Britto Pereira e a agora Mestre Cristine Helena Cunha, intitulado "Art. 620 da Consolidação das Leis do Trabalho: A alteração introduzida pela Lei n. 13.467/2017 e a Interpretação Conforme a Constituição", publicado na Revista de Direito do Trabalho e Seguridade Social[(1)], da editora Thomson Reuters.

À medida em que o mestrado avançou, a pesquisa guiou-me a um caminho antes não imaginado, por meio do qual se mostrava que a estrutura do Estado Democrático de Direito, o modelo de organização sindical atual brasileiro e os institutos, princípios e regras que conformam o Direito Coletivo do Trabalho indicam que não se pode pressupor o conflito normativo entre o acordo coletivo e a convenção coletiva, essencialmente porque o inciso XXVI do art. 7º da Constituição de 1988 assegura o reconhecimento do acordo coletivo e da convenção coletiva, e o faz sem ressalvas, valendo-se da conjunção aditiva 'e', em vez de se utilizar a conjunção alternativa 'ou'.

O estudo foi dividido em cinco capítulos. O primeiro é dedicado ao exame da relação coletiva de trabalho na história brasileira e em sua relação

---

(1) PEREIRA, Ricardo José Macedo de Brito; CUNHA, Cristine Helena; BERKEMBROCK, Leonardo Henrique. *O art. 620 da Consolidação das Leis do Trabalho*: a alteração introduzida pela Lei n. 13.467/2017 e a interpretação conforme a Constituição. In. *Revista de Direito do Trabalho e Seguridade Social*, São Paulo, v. 213, n. 46, p. 225-252, set./out., 2020, p. 234.

com o Estado Democrático de Direito e com a construção de um ordenamento jurídico plurinormativo. O segundo capítulo dedica-se ao estudo da autonomia privada coletiva e do poder de autorregulamentação do interesse coletivo na relação de trabalho. No terceiro capítulo, serão estudadas as fontes do direito com foco teórico no acordo coletivo e na convenção coletiva de trabalho. A negociação coletiva, como elemento constitutivo do acordo coletivo e da convenção coletiva, foi objeto do quarto capítulo. O capítulo cinco destina-se a examinar a definição do acordo coletivo e da convenção coletiva de trabalho, e a relação de convivência entre eles segundo a regra do art. 620 da CLT, com redação da Lei n. 13.467/2017.

Em cada um desses capítulos, o discurso argumentativo, de alguma forma, foi entrelaçado ao art. 620 da CLT.

O marco teórico desse estudo não só admite a utilização do caráter persuasivo do discurso, como funda sua análise na nova redação do art. 620 da CLT, com redação da Lei n. 13.467/2017, a partir do caráter prescritivo da norma jurídica proposto por Luís Alberto Warat, em que o Direito, ao fim e ao cabo, é construído pelo caráter persuasivo do discurso jurídico[(2)].

O estudo contenta-se com a aprovação ou com a reprovação, provisória ou perene, da conclusão nele proposta, certo de que, em termos científicos, terá sido útil para contrapor, validar ou invalidar a conclusão do discurso jurídico prescritivo a ele contrária.

A metodologia utilizada é o estudo bibliográfico, verificando-se a interpretação doutrinária e jurisprudencial sobre a interação entre o acordo coletivo e a convenção coletiva, sempre direcionada segundo a produção de sentido e de significado pela norma constante no art. 620 da CLT, em sua redação anterior e na atual, com o objetivo de se aferir possibilidades de interpretação e aplicação de uma nova regra de convivência entre os referidos diplomas coletivos.

---

(2) WARAT, Luís Alberto. *Revista Sequência*. Santa Catarina, v. 6, n. 10, 1985, p. 123-130.

CAPÍTULO 1

RELAÇÃO COLETIVA DE TRABALHO NA HISTÓRIA BRASILEIRA

1.1. O Estado democrático de direito e o direito coletivo do trabalho brasileiro

A expressão "Estado Democrático de Direito" congrega três palavras com conteúdo plurissignificativo, a depender da perspectiva epistemológica sob análise. O que é Estado? O que é Democrático? O que é Direito? Por que o Estado? Por que o Democrático? Por que o Direito? Estudos científicos, em seus múltiplos ramos, dedicam-se, com as mais variadas metodologias, a encontrar respostas sobre o que é o Estado, a Democracia e o Direito, dadas a fluidez, a imprecisão e a indeterminação inerentes à sedutora extensão significativa que essas palavras alcançam numa perspectiva descritiva ou prescritiva.

A compreensão a respeito do que é ou deve ser o Estado Democrático de Direito é de suma importância para tentar entender, no tempo, os valores de um ordenamento jurídico plurinormativo, a sua formação, o papel da relação coletiva de trabalho como fonte produtora normativa, e, consequentemente, o fenômeno da existência e da convivência entre diplomas coletivos negociados simultâneos.

O entendimento do fenômeno sobre a convivência entre diplomas trabalhistas coletivamente negociados passa pela análise da escolha de determinados valores preponderantes — aceitos ou reprovados — em um determinado ambiente social e cultural, numa determinada época. No Brasil do século XXI, onde o enquadramento sindical ainda se dá pelo sistema de categorização, uma classe profissional e econômica tem à sua disposição duas fontes normativas autônomas: o acordo coletivo de trabalho e a convenção coletiva de trabalho. Há regras e princípios que consubstanciam essa estrutura no plurinormativismo trabalhista brasileiro, cuja interpretação, significado e sentido oscilam de acordo com os valores humanos, políticos, econômicos, culturais e sociais de uma determinada época.

A provisoriedade axiológica, aliás, é inerente ao conhecimento crítico do Direito. Para Luís Alberto Warat[(3)], desejando ou não, o Direito acaba

(3) WARAT, Luís Alberto. Op. cit., 1985. p. 123-130.

sendo construído com o caráter persuasivo do discurso jurídico, isto é, com a presença de vários tipos de recursos argumentativos para fundamentar uma determinada conclusão, especialmente frente à peculiaridade de que as normas jurídicas não são capazes de descrever uma realidade concreta e sensível, atual e existente, mas sim uma realidade possível e imaginada, que diuturnamente se enfrenta com uma realidade existencial e vivencial, que só pode ser apaziguada por meio de argumentação e persuasão[4] A norma, portanto, pode ser editada sob o fundamento de determinados valores que, ao tempo de sua vigência e consagração, não mais são encontrados, aceitos ou admitidos majoritariamente. A realidade imaginada pelo pensamento do legislador nem sempre se concilia com o significado atribuído pelos aplicadores da lei mediante discursos argumentativos e persuasivos.

A concepção atual de que o direito do trabalho brasileiro é construído sobre a base de uma teoria das fontes em que a hierarquia normativa é dinâmica é um ótimo exemplo da influência axiológica no discurso jurídico. Essa teoria é fruto da escolha de determinados matizes contidos na Constituição de 1988, entre eles, o direito social como fonte propulsora de melhoria das condições sociais dos trabalhadores, imperativo categórico presente no constitucionalismo mundial após o término da Segunda Guerra Mundial. Com isso, a doutrina e a jurisprudência edificaram e consagraram a teoria de que, na convivência entre normas heterônomas ou autônomas, prevalecerá a eficácia daquela que melhor protege o empregado e que lhe oferece melhores condições.

Trata-se de uma teoria que bem resolve o dilema da convivência entre normas estatalistas, segundo as quais o fim sobrepõe o meio. Contudo, no âmbito das normas autônomas, de acordo com quem o produto deriva do coletivamente negociado, é de se refletir se, de acordo com os valores atuais, o meio não deve sobrepor o fim. No âmbito do direito coletivo do trabalho, o princípio da proteção possui abrangência maior do que a esfera do trabalhador individualmente considerado. Sua finalidade repousa na tutela do interesse coletivo, essência do pluralismo normativo, independentemente de se ter ou não alcançado a melhor condição de direitos subjetivos ao trabalhador, individualmente considerado. Essa proposição ganha sobejado relevo quando se estuda a convivência entre o acordo coletivo de trabalho e a convenção coletiva de trabalho, de acordo com os matizes do Estado Democrático de Direito brasileiro sobre a negociação coletiva, a autonomia privada coletiva, a representação e a representatividade sindicais, bem como sobre os interesses individuais, os interesses coletivos e os interesses públicos.

Inicia-se pela palavra "Direito", que compõe a 'expressão objeto' deste capítulo. Definir o Direito sem um elevado nível de indeterminação não é

---

(4) WARAT, Luís Alberto. Op. cit., 1985. p. 124.

tarefa fácil. Em termos gerais, o Direito pode ser definido como um sistema de ordem normativa coordenado e vigente em cada sociedade, destinado a estabelecer os aspectos fundamentais da convivência que condiciona a paz social e a realização das pessoas, com vistas ao bem comum e à produção de justiça[5].

Ao propósito deste estudo sobre a existência ou inexistência de antinomia entre instrumentos normativos coletivos negociados, duas definições são importantes: primeira, numa perspectiva finalística, trazida por Mauricio Godinho Delgado e Gabriela Neves Delgado[6], no sentido de que o Direito se destina a regular condutas, interesses, relações e instituições, estruturando a convivência social e pacificando conflitos; a segunda, jusfilosófica, de Miguel Reale[7], segundo quem o Direito é compreendido pela tridimensionalidade: fato, valor e a norma[8].

Não que este estudo deixe à margem a análise dogmática da norma, muito pelo contrário: sua compreensão racional sobre o fenômeno da antinomia e da coexistência de diplomas coletivos negociados se dá predominantemente pelo estudo da estrutura formal da norma e do ordenamento jurídico. Todavia, a análise considera que, conquanto a finalidade do Direito seja a pacificação social, cada vez mais os valores de uma determinada época são traduzidos e incorporados ao ordenamento jurídico como filtros de juridicidade para a solução de conflitos, em um processo de positivação dos valores que alimentam a formação e a transformação de uma determinada cultura[9]. O reconhecimento constitucional do caráter normativo do acordo coletivo e da convenção coletiva de trabalho é um exemplo de que a sociedade moderna compreendeu que, entre o interesse individual e o interesse público, há o interesse coletivo e nele existe uma realidade social e jurídica própria, que necessitava ser incorporada ao ordenamento jurídico e regulamentada por meio de regras, princípios e institutos.

---

(5) BITTAR, Eduardo Carlos Bianca. *Introdução ao estudo do direito*: humanismo, democracia e justiça. São Paulo: Saraiva Educação, 2018. p. 78-81.

(6) DELGADO, Mauricio Godinho; DELGADO, Gabriela Neves. *Constituição da República e direitos fundamentais*: dignidade da pessoa humana e justiça social do trabalho. 3. ed. São Paulo: LTr, 2015. p. 42.

(7) REALE, Miguel. *Filosofia do direito*. 19. ed., 3ª tiragem, São Paulo: Saraiva: 1999.

(8) Cf. REALE, 1999. p. 514, 515, "(...) a tridimensionalidade específica do Direito resulta de uma apreciação inicial da correlação existente entre fato, valor e norma no interior de um processo de integração, de modo a abranger, em unidade viva, os problemas do fundamento, da vigência e da eficácia do Direito, com consequências relevantes no que se refere aos problemas básicos das *fontes do direito*, *dos modelos jurídicos* e da *hermenêutica jurídica*. (...)" (REALE, Miguel. Op. cit., 1999. p. 514-515).

(9) Cf. REALE, 1999. p. 539-540, "(...) a nosso ver, só se pode falar em tridimensionalidade com referência ao plano da *cultura*, pois, os bens que o homem constitui, através da História, pressupõem sempre uma base *fática*, um valor determinante da ação, e uma *forma* ou *norma* final, consoante exposto nas páginas deste livro, destinadas à análise fenomenológica da conduta. (...). (*Ibid*., p. 539-540)."

Partindo-se do pressuposto fático de que o ordenamento jurídico brasileiro tem, em sua cultura, a existência simultânea de um acordo coletivo de trabalho e uma convenção coletiva de trabalho, qual ou quais são os valores atuais que consubstanciam o "dever ser" da nova norma do art. 620 da CLT, no sentido de que o primeiro sempre prevalece sobre a segunda? O mero exame dogmático do art. 620 da CLT não é suficiente para responder adequadamente, ainda que em termos descritivos, a esta indagação.

Também não é possível compreender se, a partir da nova regra do art. 620 da CLT, quis o legislador disciplinar que, no Direito sobre a convivência entre o acordo coletivo de trabalho e a convenção coletiva de trabalho, pode existir uma antinomia entres estes e, nessa hipótese, o acordo coletivo de trabalho sempre prevalecerá, ou se, simplesmente, quis-se estatuir que não existe antinomia entre o acordo coletivo de trabalho e a convenção coletiva de trabalho, porque aquele sempre prevalecerá.

Volta-se agora à análise conceitual sobre o "Estado". A denominação de Estado que se concebe hoje era desconhecida até o início da Idade Média, tendo sido a Itália o primeiro país a empregar a palavra *Stato*, depois a Inglaterra, no século XV, e, doravante, no século XVI, França e Alemanha valeram-se do termo Estado para referirem-se à ordem constituída[(10)].

Em termos descritivos, o Estado pode ser definido como a forma histórica de organização jurídica circunscrita a um determinado espaço territorial e com população definida, e dotado de soberania[(11)]. O Estado, para José Afonso da Silva[(12)], constitui-se de quatro elementos essenciais: um poder soberano, um povo, um território e certas finalidades, sendo que todos estes são organizados em uma *constituição*[(13)]. Paralelamente ao surgimento do Estado, portanto, dá-se início ao constitucionalismo escrito, com o propósito de edificar e consolidar as bases, os comandos e os significados dessa nova ordem jurídica.

O constitucionalismo, portanto, desde sempre, teve o propósito de reproduzir e garantir a estrutura e o conjunto de normas, e, principalmente, os valores tutelados pelo Estado para si ou para o povo, em uma realidade imaginada em um determinado marco temporal.

Sobre a "Democracia", historicamente, atribui-se à Grécia o local onde surgiu a noção de democracia, termo esse derivado de *demokratia*: *demos*,

---

(10) MALUF, Sahid. *Teoria geral do Estado*. Atualizado por Miguel Alfredo Malufe Neto. 34. ed. São Paulo: Saraiva Educação, 2018. p. 34.

(11) MORAES, Alexandre de. *Direito constitucional*. 24. ed. São Paulo: Atlas, 2009. p. 3.

(12) *Id, ibid*.

(13) SILVA, José Afonso da. *Curso de direito constitucional positivo*. 14. ed., rev., atual., São Paulo: Malheiros, 2014. p. 100.

povo, e *kratos*, poder representando a ideia de 'poder do povo', relacionada ao exercício de direitos políticos por aqueles reconhecidos como cidadãos.[14] Inicialmente, a noção de democracia era circunscrita à quadra dos direitos políticos como elemento de participação do povo nos rumos do Estado.

O Estado Liberal, fundado na filosofia política do século XVIII, estruturou um conceito de democracia liberal traçado pelo império da lei (*rule of law*), pela doutrina do individualismo e pela defesa das liberdades civis e políticas, especialmente daquelas liberdades consideradas negativas, destinadas a garantir o absenteísmo estatal, período esse marcado pelos denominados 'direitos de primeira dimensão' (direitos civis e políticos). Após a Primeira Guerra Mundial, diante da profunda disparidade dos direitos e das liberdades civis entre os estamentos sociais, o conceito de democracia não consegue ser pleno apenas com as ideias de imperatividade da lei, de participação popular no governo e de detenção do poder soberano pelo povo. A opressão de determinados grupos sociais, o desequilíbrio nas relações jurídicas individuais e sociais, imantados pela lógica da liberdade individualista e do não intervencionismo estatal, acabaram por fomentar a marginalização socioeconômica e política de determinados grupos sociais, evidenciando a insuficiência do Estado Liberal. Havia aqui uma relação bilateral, antagônica e direta entre o interesse público e o interesse privado, ignorando-se a existência do interesse coletivo, em especial, na seara do direito do trabalho.

As lutas sociais, sindicais e trabalhistas do século XIX edificaram a concepção e a cultura do "indivíduo livre" e a potencialidade do "coletivo organizado" e da luta "pela redistribuição" dos recursos econômicos e materiais em face do capitalismo, com o objetivo de reduzir a exploração do trabalho e de emancipar os trabalhadores da opressão econômica social[15]. Frente à construção e ao amadurecimento internacional de uma categoria nova de direitos — os direitos humanos —, a neutralidade do Estado Liberal é substituída pela ideia de um Estado atuante, intervencionista, denominado Estado Social, cujo objetivo era o de restabelecer especialmente a harmonia tradicional entre o capital e o trabalho[16], tendo sido representado pelo constitucionalismo, inicialmente, na Constituição do México, de 1917, e na Constituição da Alemanha, de 1919. Nessa fase surgem os denominados direitos sociais, econômicos, coletivos e culturais, também denominados 'direitos de segunda dimensão'.

---

(14) GUIMARÃES, Deocleciano Torrieri. *Dicionário técnico jurídico*. 14. ed. São Paulo: Riddel, 2019. p. 265-266.
(15) BITTAR, Eduardo Carlos Bianca. Op. cit., 2018. p. 88.
(16) MALUF, Sahid. Op. cit., 2018. p. 340.

Entretanto, observa Jügen Habermas[17] que nem as declarações clássicas dos direitos humanos do século XVIII nem as codificações do século XIX associaram os direitos humanos ao conceito jurídico de dignidade da pessoa humana, o que foi feito pela primeira vez na Declaração Universal dos Direitos Humanos, em 10 de dezembro de 1948, após o fim da Segunda Guerra Mundial[18]. Esse conceito jurídico tardio da dignidade da pessoa humana, apontado por Habermas[19], indica que os documentos constitucionais do período do Estado Social não conseguiram reproduzir uma visão deontológica sobre a dignidade da pessoa humana, o que só foi alcançado nos documentos constitucionais da segunda metade do século XX (França, de 1946, Itália, de 1947; Alemanha, de 1949), com o Constitucionalismo Humanista e Social, quando então o ser humano é compreendido em um sentido estrutural universalizante, como centro da ordem jurídica no Estado e como cidadão do mundo que só alcança a plenitude dessa condição quando respeitada sua dignidade humana[20].

No plano internacional, talvez em função dessa dessincronização entre o conceito de direitos humanos e o conceito de dignidade da pessoa humana, é que a Organização Internacional do Trabalho foi criada, pelo Tratado de Versalhes de 1919, e incorporada, posteriormente, pela Organização das Nações Unidas, instituída em 1945. Com a sincronização conceitual-jurídica dos direitos humanos, dos direitos sociais e da dignidade da pessoa humana, a partir da segunda metade do século XX, a centralidade da pessoa humana passa a ser o referencial teórico do constitucionalismo, em especial na Europa Ocidental.

A democracia está presente no Estado Liberal, no Estado Social e no Estado Democrático de Direito, mas com diferentes dimensões. Mais confinada e restrita no primeiro, mais expansiva no segundo e a partir daquele último, em que o valor da dignidade da pessoa humana incorpora e potencializa a compreensão e o significado do princípio democrático, a democracia deixa de ser significada apenas pelos direitos políticos, passando a ser significada, também, pelos direitos sociais, traduzindo a ideia de novos valores, de um novo contrato social, constituído por interesses individuais, interesses coletivos e interesses públicos.

A partir do conceito jurídico de dignidade da pessoa humana, foram estruturadas novas dimensões à democracia, antes inalcançadas pelo Estado Social, mas agora latentes no Estado Democrático de Direito, especialmente

---

(17) HABERMAS, Jügen. Op. cit., 2012.

(18) *Ibid.*, p. 7-12.

(19) *Id., ibid.*

(20) DELGADO, Mauricio Godinho; PIMENTA, José Roberto Freire; NUNES, Ivana. O paradigma do Estado Democrático de Direito: estrutura conceitual e desafios contemporâneos. *Revista Jurídica*, Curitiba, v. 2, n. 55, p. 485-515, 2019, p. 487.

quanto à relação da democracia com a efetividade e a realização dos direitos fundamentais de cunho social, embora sempre representada pela ideia de unidade e de diálogo dos vários direitos que compõem o ordenamento jurídico à conformidade com a supremacia do texto constitucional. Para José Jairo Gomes, no Estado Democrático de Direito, a extensão e o significado da palavra 'democracia' são substancialmente maiores:

> "(...) abarca também os direitos civis, individuais, sociais e econômicos. Assim, a democracia é compreendida nos planos político (participação na formação da vontade estatal), social (acesso a benefícios sociais e políticas públicas) e econômico (participação nos frutos da riqueza nacional, com acesso a bens e produtos); além disso, dá ensejo à organização de um sistema protetivo de direitos humanos fundamentais. Na base desse regime encontra-se uma exigência ética da maior relevância, que é o respeito à dignidade da pessoa humana. Isso implica promover cidadania em seu sentido mais amplo, assegurando a vida digna, a liberdade, a igualdade, a solidariedade, o devido processo legal, os direitos individuais, sociais, econômicos, coletivos, os direitos políticos, entre outros[21] (...)".

O direito estatal abandona a concepção de que coordena indivíduos juridicamente iguais e reconhece a existência de corpos intermediários entre o interesse individual e o interesse público, reconhecendo, no ordenamento jurídico, o interesse coletivo e os entes legitimados à sua defesa, como mecanismos de estrutura, tutela e desenvolvimento dos direitos sociais, ampliando a compreensão do estatuto jurídico da cidadania.

O estatuto da cidadania passa a ser compreendido com a ideia de que a garantia restrita aos direitos políticos não basta e de que apenas as liberdades negativas frente ao Estado são insuficientes. Surge, a partir de então, um compromisso dos cidadãos e do Estado com os direitos sociais. Para Sayonara Grillo Coutinho Leonardo da Silva:

> "(...) O ideário de um cidadão submetido a um estatuto formal, político-eleitoral foi ampliado, com a agregação de um estatuto material, composto de prestações positivas do Estado, de liberdades de atuação coletiva e sindical, de normas de regulação das condições de exploração da força de trabalho e de garantias previdenciárias. O cidadão inserido no universo do sujeito de direito tem agregado a seu estatuto direitos econômicos e sociais. Completa-se a

(21) GOMES, José Jairo. *Direito eleitoral*. 14. ed., rev., atual., ampl. São Paulo: Atlas, 2018. p. 65.

transformação, pois de sujeito de direitos formais, no constitucionalismo liberal, os cidadãos que trabalham são sujeitos de direitos materiais, no ápice do que se convencionou denominar constitucionalismo social[22] (...)."

Mauricio Godinho Delgado e Gabriela Neves Delgado[23] sustentam o caráter multidimensional da democracia (político, social, econômico, cultural e institucional) enfatizando que esta, em sua dimensão social, é capaz de incrementar instrumentos mais ágeis e eficazes de superação das desigualdades sociais pelo próprio dinamismo que propicia ao desenvolvimento e à inter-relação dos grupos sociais.

A denominação 'Estado Democrático de Direito' ou 'Estado Constitucional', apontada como o terceiro paradigma de Estado[24], foi fruto desse processo histórico-evolutivo dos valores do Estado Liberal aos valores do Estado Social. São deles, especialmente desse último, os subsídios para edificação dos pilares do Estado Democrático de Direito, fundado na tridimensionalidade: pessoa humana, com sua dignidade; sociedade política, concebida como democrática e inclusiva; sociedade civil, também concebida como democrática e inclusiva[25].

O Estado Democrático de Direito firma-se, assim, no século XX, com o propósito de conciliar os erros do liberalismo individualista com as verdades parciais do socialismo, equalizando o valor social do trabalho com a livre-iniciativa, para que os direitos individuais passem a subordinar-se aos direitos de sociedade, naquilo que for necessário para o restabelecimento do equilíbrio social, sob a supervisão do Estado, que passa a ser intervencionista[26], para superar desigualdades sociais e regionais e instaurar um regime democrático que viabilize a justiça social[27].

No constitucionalismo social, a sociedade civil laborativa democrática, composta pela livre-iniciativa e pelo valor social do trabalho, encontra seu protagonismo e a sua inclusão pela negociação coletiva. Foi nela que se depositou a confiança de um diálogo democrático apto a vivenciar, a exteriorizar, a equacionar e a desenvolver o interesse coletivo, e, consequentemente,

---

(22) SILVA, Sayonara Grillo Coutinho Leonardo da. *Relações coletivas e configurações institucionais em um cenário de democracia.* Rio de Janeiro, 2008, 11178, Tese (Doutorado) Programa de Pós-Graduação em Direito. Pontifícia Universidade Católica do Rio de Janeiro, p. 75. Disponível em: <https://www.maxwell.vrac.puc-rio.br/colecao.php?strSecao=resultado&nrSeq=11178@1>. Acesso em: 07 mar. 2021.

(23) DELGADO, Mauricio Godinho; DELGADO, Gabriela Neves. Op. cit., 2015. p. 32-35.

(24) Cf. DELGADO, Mauricio Godinho; PIMENTA; José Roberto Freire. NUNES; Ivana. Op. cit., 2019. p. 485-515.

(25) Cf. DELGADO, Mauricio Godinho; DELGADO, Gabriela Neves. Op. cit., 2015. p. 42.

(26) MALUF, Sahid. Op. cit., 2018. p. 331.

(27) SILVA, José Afonso da. Op. cit., 2014. p. 124.

a produzir as regras e os princípios que desenvolverão e regulamentarão a relação de trabalho em uma determinada realidade imaginada em um determinado tempo. A existência e a permanência do Estado Democrático de Direito — ou Estado Constitucional — é garantida por uma democracia pluralista, inclusive quanto às fontes de produção normativa, por direitos fundamentais, por elementos da divisão dos poderes que devem ser ampliados no âmbito da sociedade e por um poder Judiciário independente[28].

No Brasil, o Estado Democrático de Direito foi timidamente apresentado na Constituição de 1946, postando-se contundentemente na Constituição Federal de 1988, com a expressa menção, no seu art. 1º, de que a República Federativa do Brasil se constitui em Estado Democrático de Direito.

Especificamente ao Direito do Trabalho, a CF/1988 estatuiu, a partir do Título I, a noção de direito fundamental ao trabalho digno e, no Título II, a noção de direitos fundamentais individuais e sociais, que consubstanciam o ser humano na relação de trabalho. Desde então, o sistema jurídico brasileiro passou a organizar-se e orientar-se pela dignidade da pessoa humana, pela supremacia dos direitos fundamentais, com eficácia horizontal e vertical, pela concepção jurídica humanista, sistêmica e intersubjetiva entre os indivíduos, em uma dimensão plural e social, e, primordialmente, pelo interesse social, pela igualdade material e pela ética da solidariedade[29].

O direito do trabalho brasileiro, a partir da CF/88, passa a ter como fonte produtiva não apenas a singularidade do Estado, mas a pluralidade e o protagonismo dos atores sociais do trabalho e o compromisso com a assimilação e a incorporação de regras e os princípios da ordem jurídica internacional.

A cidadania laboral e a sociedade política e inclusiva, como valores necessários e aceitos na construção da relação social de trabalho brasileira, estão assentadas no reconhecimento constitucional da negociação coletiva, fundada essencialmente no interesse coletivo, o qual consubstancia, na Constituição Federal de 1988, o pluralismo normativo no direito do trabalho e, consequentemente, um sistema jurídico trabalhista individual e coletivo.

Para Mauricio Godinho Delgado (2015), o Direito Coletivo do Trabalho pode ser definido como:

> "(...) o complexo de princípios, regras e institutos jurídicos que regulam as relações laborais de empregados e empregadores, além

---

(28) HÄBERLE, Peter. *Estado Constitucional Cooperativo*. Traduzido por Marcos Augusto Maliska e Elisete Antoniuk. Rio de Janeiro: Renovar, 2007. p. 2.

(29) DELGADO, Mauricio Godinho; PIMENTA, José Roberto Freire; NUNES, Ivana. Op. cit., 2019. p. 503-504.

de outros grupos jurídicos normativamente especificados, considerada sua ação coletiva, realizada autonomamente ou através das respectivas associações[30]. (...)"

Independentemente do debate sobre a existência ou não da autonomia entre o Direito Coletivo do Trabalho e o Direito Individual do Trabalho, fato é que, conquanto ambos interajam e lidem com a mesma matéria social, aquele é dotado de teorias, institutos e princípios próprios, especialmente no que atine ao objeto e à regulação do conflito de interesses na relação de trabalho[31].

O pluralismo normativo justrabalhista é o ponto de partida para a construção e a manutenção do direito do trabalho. Dentro dessa estrutura de um direito do trabalho descentralizado com centros de positividade normativa autônomos e heterônomos, é preciso identificar e posicionar, na relação de trabalho, a existência e a comunicação de interesses individuais, coletivos e públicos e a importância de cada um na negociação coletiva. O desenvolvimento da negociação coletiva passa, necessariamente, por essa compreensão.

A história brasileira, no entanto, desvela que a negociação coletiva ainda não conseguiu desenvolver-se e firmar-se como um instrumento social de produção normativa juridicamente seguro. Há, no âmbito da doutrina e da jurisprudência brasileiras, uma construção dogmática e teórica fundada no temor dos erros e dos desacertos desse processo social, especialmente porque não há dúvidas de que o maior prejudicado, nesses casos, acaba sendo o trabalhador. Nesse contexto, espraiam-se decisões judiciais que analisam a validade da negociação coletiva sob a perspectiva do interesse individual do trabalhador nela representado pela entidade sindical, assim como paira no âmbito doutrinário e jurisprudencial histórica indefinição sobre os limites impostos pelo interesse público ao interesse coletivo objeto da negociação coletiva.

Entretanto, inafastável é a conclusão de que, no Estado Democrático de Direito brasileiro instaurado pela Constituição Federal de 1988, a regulação das condições de trabalho e a pacificação dos conflitos coletivos trabalhistas são prerrogativas da negociação coletiva, instituto próprio e específico do Direito Coletivo do Trabalho.

Por esse motivo, este estudo iniciou-se com uma breve contextualização sobre o Estado Democrático de Direito, pois, na análise crítica e descritiva a que se propõe, no exame do fenômeno da coexistência do acordo coletivo de trabalho e da convenção coletiva de trabalho, não se perderá de vista que a

---

(30) DELGADO, Mauricio Godinho. *Curso de direito do trabalho*. 14. ed. São Paulo: LTr, 2015. p. 47.
(31) *Ibid.*, p. 45-47.

negociação coletiva do direito do trabalho deve voltar-se ao interesse coletivo conectado ao preâmbulo da Constituição de 1988[32].

A partir da história do direito do trabalho brasileiro e a partir da juridificação de valores e princípios, pelo atual Estado Democrático de Direito, ambas estruturantes das bases da negociação coletiva contemporânea, quais regras, quais princípios, quais interesses e quais fins o art. 620 da CLT pretende agora tutelar ao estabelecer a regra de que o acordo coletivo de trabalho sempre prevalecerá sobre a convenção coletiva de trabalho?

1.2. Historicidade da relação trabalhista coletiva no Brasil

Conquanto o direito do trabalho no Brasil tenha tido início, ainda que precariamente, no processo de colonização portuguesa, tendo sofrido transformações, durante o período monárquico[33], com a Lei Áurea de abolição da escravidão, e, no decorrer da Primeira República (1889-1930), tenha registrado inúmeras greves[34] e movimentos de formação de um direito negocial trabalhista[35], neste estudo sobre a coexistência de normas entre instrumentos normativos autocompositivos, dar-se-á um salto para o fim da República Velha, por considerar que foi a partir de então que se formou a organicidade e a estrutura das relações jurídicas coletivas de trabalho brasileiras, inclusive

---

(32) Cf. BRASIL, Constituição (1988), "Nós, representantes do povo brasileiro, reunidos em Assembleia Nacional Constituinte para instituir um Estado Democrático, destinado a assegurar o exercício dos direitos sociais e individuais, a liberdade, a segurança, o bem-estar, o desenvolvimento, a igualdade e a justiça como valores supremos de uma sociedade fraterna, pluralista e sem preconceitos, fundada na harmonia social e comprometida, na ordem interna e internacional, com a solução pacífica das controvérsias, promulgamos, sob a proteção de Deus, a seguinte CONSTITUIÇÃO DA REPÚBLICA FEDERATIVA DO BRASIL (...)". (BRASIL. Constituição, 1988. *Constituição da República Federativa do Brasil:* promulgada em 5 de outubro de 1988). Disponível em: <http://www.planalto.gov.br/ccivil_03/constituicao/constituicao.htm>. Acesso em: 08 mar. 2021.

(33) Cf. MAIOR, 2017. p. 144, "(...) O contrato de prestação de serviços teria sido regulado, inicialmente, em 13 de setembro de 1830, tempos depois pela Lei n. 108, de 11 de outubro de 1837, culminando com o Código Comercial de 1850." (MAIOR, Jorge Luiz Souto. *História do direito do trabalho no Brasil:* curso de direito do trabalho. v. I: parte 2. São Paulo: LTr, 2017. p. 144).

(34) Cf. GOLDMACHIER, 2004. p. 110 *apud* MAIOR, 2017. p. 127, "(...) Só no Rio de Janeiro, no período de 1890 a 1906, são catalogadas 106 greves, envolvendo 41 categorias de trabalhadores. (GOLDMACHIER, Marcela. *Trabalhadores em greve, polícia em guarda:* greves e repressão policial na formação da classe trabalhadora carioca. coord. Marcelo Badaró Matos. Rio de Janeiro: Bom Texto, 2004. p. 110 *apud* MAIOR, Jorge Luiz Souto. *História do direito do trabalho no Brasil*: curso de direito do trabalho. v. I: parte 2. São Paulo: LTr, 2017. p. 127).

(35) Cf. MAIOR, 2017. p. 120, "(...) Fato é que não se pode negar que, seja como resultado de greves, seja como reação estratégica ou mesmo humanitária de certos empregadores, já vinha se formando no Brasil, neste período da Primeira República, um autêntico direito negocial trabalhista." (MAIOR, Jorge Luiz Souto. Op. cit., 2017. p. 120).

com regras específicas para um direito do trabalho coletivamente negociado, as quais, de modo acentuado, interessam sobremaneira a este estudo.

O desenvolvimento do mercado de trabalho livre no Brasil está associado à atividade de exportação de café paulistano, responsável por introduzir e expandir a relação de trabalho não compulsória e assalariada, processo esse que não foi interrompido pela crise da economia cafeeira ao final dos anos 1920(36), pois, em decorrência da expansão do regime de trabalho assalariado, o país contava com várias fábricas e uma expressiva quantidade de operários assalariados.

Em 1920, a população brasileira somava 27,5 milhões(37), contando com 13.430 fábricas e 275.000 operários, e, em 1930, o Brasil contava com cerca de 18.800 fábricas e 450.000 operários(38). Foi nesse cenário demográfico, traçado por uma economia capitalista essencialmente agrária, uma sociedade estratificada pela colonização portuguesa e predominantemente analfabeta; uma cultura social e econômica com resquício escravista; uma classe operária constituída de alforriados e imigrantes, com dificuldades em construir consciência coletiva em prol dos direitos sociais; uma política nacional marcada pelo liberalismo para alguns poucos industriários e latifundiários e de repressão aos movimentos sociais operários(39); e um direito do trabalho precário, sem caráter nacional, pouco regulamentado e pouco reconhecido, que o Brasil chegou a 1930.

No plano da relação jurídica coletiva de trabalho, embora a Constituição Federal republicana de 1891 assegurasse aos brasileiros e estrangeiros o

---

(36) BALTAR, Paulo Eduardo de Andrade; DEDECCA, Claudio Salvadori. *Notas sobre o mercado de trabalho no Brasil durante a industrialização restringida.* In. *Centro de estudos sindicais e de economia do trabalho:* carta social e do trabalho, Campinas, n. 31, p. 2-18, jul./set., 2015, p. 2.

(37) BRITO, Fausto. O deslocamento da população brasileira para as metrópoles. Instituto de Estudos Avançados da Universidade de São Paulo. v. 20, n. 57, São Paulo, maio/ago., 2006. Disponível em: <http://dx.doi.org/10.1590/S0103-40142006000200017>. Acesso em: 09 mar. 2021.

(38) COSTA, Luciana Salles Worms; BORGES, Welington. *Brasil Século XX ao pé da letra da canção popular.* Curitiba: Nova Didática, 2002. p. 24 *apud* MAIOR, Jorge Luiz Souto. *História do direito do trabalho no Brasil:* curso de direito do trabalho. v. I: parte 2. São Paulo: LTr, 2017. p. 120.

(39) Cf. MAIOR, 2017. p. 135, "(...) Em 1922, foi criada a 4ª Delegacia Auxiliar com uma seção específica para tratar da Ordem Social e Segurança Pública, para onde iam presos os que se envolvessem com 'agitação operária' e de onde saíam expulsos do país os estrangeiros. Lembre-se de que já o Código Penal de 1890 havia previsão de pena de prisão de um a três meses para quem (...) provocasse 'a cessação do trabalho, para impor aos operários ou patrões aumento ou diminuição de serviço ou salário' (art. 206), dispositivo que acabou sendo suprimido pelo Decreto n. 1.162, de 12 de dezembro de 1980, depois da campanha promovida pelo Partido Operário. (...)." (MAIOR, Jorge Luiz Souto. Op. cit., 2017. p. 135).

direito à liberdade e o direito à livre associação e reunião[40], até 1930, os movimentos coletivos operários pouco conseguiram avançar na regulamentação do direito sindical.

Observa Jorge Luiz Souto Maior[41] que, no período da República Velha, a concessão de benefícios legais aos trabalhadores foi concebida pelo governo como uma estratégia de desmobilização da classe trabalhadora e de fomento à ideia de que o Estado seria o responsável por lutar por melhores condições de trabalho, o que impactou diretamente o desenvolvimento da solidariedade de classe e o desenvolvimento da negociação coletiva do trabalho. Guardadas as diferenças e proporções, essa característica arrefecedora da negociação coletiva é encontrada ainda hoje, no § 2º do art. 114 da Constituição de 1988, ao conferir à Justiça do Trabalho poder normativo para decidir dissídios coletivos de natureza econômica, assim como na histórica e cultural eleição da heterorregulação das condições de trabalho como via principal do Direito do Trabalho.

Em matéria de direito sindical, de relevo, registra-se, nesse período, o Decreto n. 979, de 6 de janeiro de 1903, que facultava aos profissionais da agricultura e indústria rural a organização por meio de sindicatos. Quatro anos depois, em 05 de janeiro de 1907, o Decreto n. 1.637 autorizava a criação facultativa de sindicatos no âmbito urbano e de sociedades cooperativas. Esses sindicatos poderiam ser criados sem qualquer autorização do governo e podiam se organizar por meio de uniões, federações ou centrais sindicais sem qualquer limitação relacionada à circunscrição territorial.

No plano internacional, o Brasil, por meio da delegação chefiada pelo senador Epitácio Pessoa, comprometera-se com a Conferência de Paz de Versalhes — iniciada em janeiro de 1919 e encerrada no dia 28.06.1919, mediante a assinatura do Tratado de Versalhes, aderindo, ainda, na mesma ocasião, à Organização Internacional do Trabalho — OIT, criada em 11 de abril de 1919 — com ideário de paz e justiça social universais, valores estes que, embora pareçam obviedades pela atual compreensão jurídica sobre a dignidade da pessoa humana, após a Declaração Universal dos Direitos Humanos, em 1948, à época, eram valores tímidos e pouco juridificados nos ordenamentos jurídicos nacionais e internacional.

---

(40) Cf. BRASIL, Constituição (1988), "Art.72. A Constituição assegura a brasileiros e a estrangeiros residentes no país a inviolabilidade dos direitos concernentes á liberdade, á segurança individual e à propriedade, nos termos seguintes: (...). § 8º A todos é lícito associarem-se e reunirem-se livremente e sem armas, não podendo intervir a polícia senão para manter a ordem pública." (BRASIL. Constituição (1891). *Constituição da República dos Estados Unidos do Brasil:* promulgada em 24 de fevereiro de 1891). Disponível em: <https://www.planalto.gov.br/ccivil_03/constituicao/constituicao91.htm>. Acesso em: 09 mar. 2021.
(41) MAIOR, Jorge Luiz Souto. Op. cit., 2017. p. 120.

As primeiras convenções editadas pela OIT e adotadas pelo Brasil foram as de números 3, 4, 5 e 6, ratificadas em 26.04.1934, que tratavam, respectivamente, da proteção à maternidade e da relação de emprego, do trabalho noturno das mulheres, da idade mínima para admissão nos trabalhos industriais e do trabalho noturno dos menores na indústria, demonstrando que a pressão internacional para formação de estatutos de proteção social mexeu com a estrutura legislativa brasileira.

Conquanto tenha existido intensa luta operária e social em prol de direitos trabalhistas mínimos, no Brasil da colonização portuguesa, ao final da República Velha, não houve nada de significativo no ordenamento jurídico e no modelo de mercado de trabalho urbano-industrial que demandasse a estruturação jurídica das bases de uma negociação coletiva e, corolariamente, de um Direito Coletivo do Trabalho. Até a década de 1930, em um Brasil exclusivamente agrícola, a atenção do legislador, ao tratar dos direitos sindicais, tinha como verdadeiro objetivo atender o trabalhador emigrante, que, em sua grande parte, procedia de países economicamente avançados(42), em que o movimento sindical era organizado e regulamentado.

Foi a partir da década de 1930 que alguns aspectos da constituição do mercado de trabalho urbano-industrial, entre eles, o início da redução da população econômica ativa na agricultura e o início de uma política de valorização e disseminação do conceito de salário-mínimo, com a edição da Lei n. 185, de 14 de janeiro de 1936, implicaram significativamente na expansão do emprego industrial e, consequentemente, a uma nova configuração do movimento sindical e ao desenvolvimento da negociação coletiva do trabalho.

1.3. Processo de construção da relação coletiva após o fim da república velha

Para compreensão da realidade do processo construtivo das relações coletivas de trabalho e suas bases jurídicas, dois fatores metajurídicos serão analisados sucintamente na perspectiva histórica, a partir da década de 1930: o econômico e o político.

Na economia, o capitalismo brasileiro foi desenvolvido em três grandes fases(43): a economia capitalista exportadora de produtos primários, durante a colonização até a República Velha; a 'industrialização restringida', no período de 1930 a 1955; e a 'industrialização pesada', a partir de 1955, substancialmente expressiva com o Plano de Metas de Juscelino Kubitschek.

---

(42) PRADO, Roberto Barreto. *Tratado de direito do trabalho*. v. II, São Paulo: RT, 1967. p. 673-674.

(43) Cf. BALTAR, Paulo Eduardo de Andrade; DEDECCA, Claudio Salvadori. Op. cit., 2015. p. 2.

Conquanto as denominações não sejam unânimes entre economistas e historiadores(44), a 'industrialização restringida' recebeu essa denominação ao se dedicar à produção de bens de consumo e por estar atrelada à capacidade financeira do Brasil de importar bens de produção, cuja fonte de receita, à época, ainda provinha predominantemente daquela obtida com a exportação de café. A 'industrialização pesada', assim intitulada porque se destinava à criação de infraestrutura, foi impulsionada pelo investimento público e internacional(45). No século XXI, não seria errado apontar que o Brasil encontra-se na fase — e ao mesmo tempo no dilema — da 'industrialização 4.0', marcada pela onipresença da tecnologia sob o domínio de poucos e pelo processo disruptivo das formas e dos métodos de trabalho tradicionais conhecidos e praticados por muitos.

O início do processo brasileiro de industrialização está correlacionado à Primeira Guerra Mundial e à crise de 1929, com a queda da Bolsa de Nova Iorque. Ambas impactaram o setor cafeeiro, responsável por mais de 70% da economia brasileira, reduzindo substancialmente as exportações desse produto primário. Em contrapartida, o momentâneo declínio da atividade agrícola destacou o papel da atividade industrial — inicialmente destinada à produção para o mercado interno, e, em seguida, concebida para mercado externo —, estabelecendo um novo ciclo produtivo e desenvolvendo uma realidade econômica e social de maior oferta de bens e serviços no meio urbano, fatores esses aptos a edificar as bases de trabalho assalariado necessárias para a construção do movimento sindical em nível nacional(46).

---

(44) FONSECA, Pedro Cezar; SALOMÃO, Ivan Colangelo. Industrialização brasileira: notas sobre o debate historiográfico. *Revista Tempo*. v. 23, n. 1, p. 86-104, jan./abr., 2017, p. 99. Disponível em: <https://www.scielo.br/pdf/tem/v23n1/1980-542X-tem-23-01-00086.pdf>. Acesso em: 11 mar. 2021.

(45) Cf. BALTAR, Paulo Eduardo de Andrade; DEDECCA, Claudio Salvadori, "(...) O movimento que ocorre a partir de 1956, que já constituía a fase da industrialização pesada, configuraria uma nova estrutura industrial, que teve por núcleo básico as indústrias mecânicas, material elétrico e comunicações, material de transporte, química e uma nova indústria metalúrgica. (...)" (BALTAR, Paulo Eduardo de Andrade; DEDECCA, Claudio Salvadori. Op. cit., 2015. p. 14).

(46) Cf. BALTAR, Paulo Eduardo de Andrade; DEDECCA, Claudio Salvadori, "(...) do ponto de vista deste texto, interessa analisar a conformação do mercado de trabalho no período da industrialização restringida, ou melhor, entre 1930 e 1955. É neste período que se inicia a constituição da base de trabalho assalariado necessária para a construção do movimento sindical. Esta afirmação não implica em um desconhecimento das lutas operárias pré-30. Apenas está se ressaltando que é a partir do momento que ganha expressão o processo de industrialização que vai se formando um mercado de trabalho urbano-industrial, que abre perspectivas para a estruturação de um movimento sindical a nível nacional. A industrialização, ao avançar, vai conformando um mercado nacional de bens, serviços e trabalho com uma dinâmica cada vez mais determinada pela Indústria de Transformação, bem como por uma crescente concentração das atividades no meio urbano. São estas transformações que vão gerando os elementos fundamentais para o avanço da organização sindical." (BALTAR, Paulo Eduardo de Andrade; DEDECCA, Claudio Salvadori. Op. cit., 2015. p. 4).

A expansão industrial trouxe consigo o processo de urbanização e conglomeração de trabalhadores e indústrias. Municípios cresceram, outros inúmeros municípios foram criados no território brasileiro, novas indústrias foram instaladas, novas formas e ofertas de trabalho surgiram, novos mercados de trabalho, de bens, de serviços e de capitais se formaram, crescendo e distribuindo a população economicamente ativa não vinculada à agricultura no território brasileiro. No período de 1890 a 1930 (República Velha), dos 849 municípios inicialmente existentes, outros 547 foram criados. No interregno de 1931 a 1945 (Era Vargas), dos 1396 municípios existentes, outros 266 foram criados. No interstício de 1946 a 1964 (República Nova), dos 1662 municípios existentes, outros 2221 foram criados. No hiato de 1965 a 1985 (Período Militar), dos 3883 municípios existentes, outros 218 foram criados, enquanto no período de 1986 a 2008, dos 4102 municípios existentes, outros 1465 foram criados[(47)].

Esse processo intensificara não apenas o número de novos trabalhadores urbanos, mas também a criação de sindicatos, sobretudo fora do âmbito dos grandes municípios.

No período de 1930 a 1939, a quantidade de sindicatos triplicou e o crescimento não se ateve apenas às regiões do Rio de Janeiro e de São Paulo, que, em 1934, concentravam 44% dos sindicatos brasileiros, pois, apenas 5 anos depois, em 1939, esse percentual reduziu-se a 21%. Ao término de 1945, o Ministério do Trabalho e Emprego contava com 873 sindicatos registrados[(48)]. Em 2021, o Brasil conta com 5570 municípios, portanto, desde a Proclamação da República, nos últimos 132 anos, foram criados 5023 municípios e, no ano de 2017, o país contava com 17.183 entidades sindicais[(49)].

Embora o Brasil tenha experimentado, a partir de 1930, o crescimento exponencial no número de municípios e sindicatos, a influência da organização sindical desenhada na década de 1930 foi parcialmente incorporada ao modelo sindical constitucional de 1988.

Arion Sayão Romita[(50)] observa que a organização sindical no Estado Novo, marcado pelo autoritarismo, baseava-se em dois pressupostos: o pri-

---

(47) CIGOLINI, Adilar Antonio. *Território e criação de municípios no Brasil:* uma abordagem histórico-geográfica sobre a compartimentação do espaço. Florianópolis, 2009, 268885, Tese (Doutorado) Programa de Pós-Graduação em Geografia. Universidade Federal de Santa Catarina, p. 149, 158, 164, 172 e 181.

(48) MAIOR, Jorge Luiz Souto. Op. cit., 2017. p. 210.

(49) CRISTALDO, Heloisa. Ministério do Trabalho lança ferramenta com informações de entidades sindicais. *Agência Brasil*. 09.05.2017. Disponível em: <https://agenciabrasil.ebc.com.br/geral/noticia/2017-05/ministerio-do-trabalho-lanca-ferramenta-com-informacoes-de-entidades-sindicais>. Acesso em: 12 mar. 2021.

(50) ROMITA, Arion Sayão. *O poder normativo da justiça do trabalho:* antinomias constitucionais. In. *Revista TST*. v. 67, n. 2, p. 43-53, abr./jun., 2001, p. 46. Disponível em: <https://juslaboris.tst.jus.br/bitstream/handle/20.500.12178/52331/004_romita.pdf?sequence=1>. Acesso em: 15 maio 2021.

meiro, de que as relações coletivas de trabalho constituíam manifestações da luta de classes, o que deveria ser combatido pelo regime político, com o estabelecimento da ideologia da paz social, sob o pretexto de que não poderia existir conflito, mas sim cooperação; e o segundo, de que as repercussões da luta de classes poderiam afetar o conjunto da sociedade, de modo que o regime político deveria extinguir, no nascedouro, qualquer possibilidade de rebelião social. Sob esses dois pressupostos, a organização sindical brasileira foi, à época, estruturada com o sindicato único imposto por lei, a contribuição sindical criada por lei, a competência normativa dos Tribunais do Trabalho, a proibição da greve e a cooptação das lideranças sindicais à ordem político-ideológica do Estado.

Resguardas as tendências municipalistas e antimunicipalistas de cada período político e governamental, esses dados históricos são sobremaneira importantes no modelo sindical que se formou no Brasil de 1988, ainda hoje ancorado na unicidade sindical e na representação sindical por categorias, em uma base territorial que não pode ser inferior ao limite de um município.

O número de municípios e de sindicatos distribuídos atualmente nas 27 unidades federativas desvela, ao menos em perspectiva: a quantidade dos diversos regionalismos econômicos; os diversos microssistemas de relações sociais, econômicas e jurídicas do trabalho objeto de representação sindical e de negociação coletiva; a diversidade das relações coletivas de trabalho; a diversidade de interesses coletivos do trabalho; a característica do plurinormativismo brasileiro; e a complexidade do fenômeno jurídico da coexistência de normas autônomas e heterônomas ao longo de uma área territorial de 8.510.345,538 quilômetros quadrados(51).

No aspecto político, a análise histórica do processo de formação do mercado de trabalho campesino-agroindustrial e urbano-industrial que formara as bases das relações coletivas de trabalho, ao menos até 1985, não pode relegar o fato de que o desenvolvimento das relações individuais e coletivas de trabalho ocorreram, em grande parte, sob a égide de formas de governos pseudorrepublicanos, de regimes pseudodemocráticos e de regimes totalitários, repressores dos movimentos sociais e sempre serventes aos interesses de uma determinada classe dominante. Tais características edificaram um modelo cultural e social que certamente influenciou a autonomia e a liberdade de construção e de desenvolvimento do movimento sindical brasileiro, constituído quando não havia verdadeiramente, no Brasil, um sistema capitalista, uma forma republicana e um regime democrático.

Na décima segunda eleição presidenciável, ocorrida em 1º de março de 1930, após Getúlio Vargas ser derrotado por Júlio Prestes, desencadeou-se, no Brasil, uma revolução que não tinha relação com qualquer movimento

---

(51) Fonte: <https://cidades.ibge.gov.br/brasil/panorama>. Acesso em: 10 mar. 2021.

popular. Tratava-se de uma consequência da ruptura entre as elites oligárquicas brasileiras. Formada por militares, jovens políticos e industriais, a revolução culminou com a posse de Getúlio Vargas, em 3 de novembro de 1930, ao cargo de Presidente da República(52). A Revolução de 1930 cindiu o sistema político coronelista-regionalista ao fundamento — até mesmo contraditório — de extirpar oligarquias — pois, em verdade, era apenas uma substituição oligárquica — e restaurar a autoridade nacional no país por meio da centralização institucional-político-administrativa no Governo Central(53). O propósito anunciado pelo governo era o de promover o capitalismo industrial, constituir um mercado interno, integrar a classe operária e formar um Estado central forte(54). Para tanto, segundo Jorge Luiz Souto Maior(55), as principais diretrizes do governo getulista foram:

> "(...) incentivo à industrialização, beneficiando toda a classe industrial; ampliação, de forma acelerada, da regulação de direitos trabalhistas, para formação da massa operária, favorecendo, ao mesmo tempo, ao aumento da concorrência pelos postos de trabalho e preservando, por consequência, a política de baixos salários, necessária ao processo de industrialização e à formação do mercado consumidor; disponibilização da estrutura do Estado para o incentivo à criação de sindicatos, tendo como propósito manter a atividade sindical desvinculada da ação revolucionária, como era a tradição no Brasil até então; substituir o operário estrangeiro, considerado subversivo, pelo elemento nacional; impedir que o advento da legislação social representasse um desestímulo ao investimento, atraindo a ideia de conciliação dos interesses, o que provocou o legado da ineficácia da legislação trabalhista; não avançar, diretamente, sobre os interesses dos agricultores, mantendo as relações de trabalho rurais sem regulamentação específica(56) (...)"

---

(52) Cf. MAIOR, Jorge Luiz Souto. Op. cit., 2017. p. 173-174.

(53) Cf. CIGOLINI, Adilar Antonio, "(...) A Revolução de 1930 dissolveu os poderes judiciários dos municípios, e os prefeitos passaram a ser nomeados pelos interventores. Criaram-se mecanismos de fiscalização mais acentuados, com tendência à centralização financeira. Entretanto, a Constituição de 1934 determinou que os municípios fossem organizados de forma que lhes ficasse assegurada a autonomia no seu peculiar interesse. O papel do Estado federado na organização dos municípios foi, em parte, retirado, pois a constituição estabeleceu a eletividade dos prefeitos e vereadores, ampliou a renda pela definição dos impostos de arrecadação própria dos municípios, normatizou os fatos que poderiam levar à intervenção do Estado no município, além de ampliar a capacidade arrecadatória local e definir transferências de recursos das outras esferas." (CIGOLINI, Adilar Antonio. Op. cit., 2009. p. 154). Disponível em: <https://repositorio.ufsc.br/xmlui/handle/123456789/92531?show=full>. Acesso em: 10 mar. 2021.

(54) Cf. MAIOR, Jorge Luiz Souto. Op. cit., 2017. p. 174.

(55) *Id., ibid.*

(56) *Ibid.*, p. 176.

Essa centralização na organização institucional-político-administrativa, logo à frente, teria forte impacto na formatação do direito do trabalho brasileiro, especialmente na compreensão do caráter nacional desse ramo — trazida, há pouco, pela Emenda Constitucional de 1926 — e, consequentemente, para a edição de bases jurídicas cooptativas na regulamentação das relações coletivas de trabalho, que, em sua essência, pretendia atender aos interesses do Estado. Esse momento da política brasileira institucionaliza o conceito de que a regra construtiva do direito do trabalho se dá por meio da heterorregulação.

Enquanto em outros continentes, os países considerados modernos, no início do século XX, tinham a maior parte dos direitos trabalhistas conquistados e edificados pela via da negociação coletiva e, só mais tarde, eram incorporados à legislação estatal, no Brasil, o caminho foi inverso, inclusive quanto aos direitos sindicais(57), criando-se uma cultura jurídica e sociopolítica de heterocomposição dos conflitos e de heterorregulação das condições de trabalho. O modelo de um direito sindical corporativista e de um direito individual do trabalho regulamentado pelo Estado pavimentou os acessos de um plurinormativismo com papel secundário e sob forte repressão estatalista.

O primeiro ato normativo foi o Decreto n. 19.770(58), de 19 de março de 1931, criando o Ministério do Trabalho, Indústria e Comércio, ao mesmo tempo policiando a organização e a atividade sindicais. Ao regular a atuação sindical, vinculou o sindicato ao Estado; subordinou as condições de constituição e exercício da entidade sindical a determinados requisitos e sob a fiscalização de delegados; dividiu a sindicalização em categorias de classe operárias; inviabilizou o pluralismo sindical; vinculou a existência da personalidade jurídica sindical à aprovação do, à época, Ministério do Trabalho, Indústria e Comércio; e criou o dever de cooperação das entidades sindicais com o Poder Público.

No âmbito da negociação coletiva, o Decreto n. 19.770 previu a possibilidade de convenções ou contratos coletivos de trabalho em benefício dos associados do sindicato, cuja execução dependida da ratificação do diploma coletivo pelo Ministério do Trabalho(59) e estruturou a organização das entidades sindicais em sindicatos, federações e confederações. Não há, no decreto, regra sobre a prevalência de um determinado diploma coletivo na

---

(57) PRADO, Roberto Barredo. Op. cit., 1967. p. 728-729.

(58) Cf. Decreto n. 19.770, de 19 de março de 1931: "Regula a sindicalisação das classes patronaes e operárias e dá outras providências. Rio de Janeiro: Presidência da República, mar. 1931. Disponível em: <http://www.planalto.gov.br/ccivil_03/constituicao/constituicao.htm>. Acesso em: 13 mar. 2021.

(59) Cf. Decreto n. 19.770 (1931), "Art. 10. Além do que dispõe o art. 7°, é facultado aos syndicatos de patrões, de empregados e de operarios celebrar, entre si, accordos e convenções para defesa e garantia de interesses reciprocos, devendo ser taes accordos e convenções, antes de sua execução, ratificados pelo Ministerio do Trabalho, Industria e Commercio." (*Ibid.*, 1931).

hipótese de coexistirem convenção coletiva ou contrato coletivo de trabalho, entretanto, desde a década de 1930, é sentida, no processo construtivo da negociação coletiva, a ideia de fontes normativas autônomas com maior ou menor expansividade, tal como previsto atualmente na Consolidação das Leis do Trabalho e na Constituição de 1988.

Em 23 de agosto de 1932, foi promulgado o Decreto n. 21.761, instituindo e disciplinando a convenção coletiva de trabalho, definindo-a como o ajuste relativo às condições de trabalho entre um ou vários empregados e seus empregadores, ou entre sindicatos ou qualquer outro agrupamento de empregadores e sindicatos, ou qualquer outro agrupamento de empregados. O decreto não fez uso da expressão 'contrato coletivo de trabalho' referendada no Decreto n. 19.770, entretanto, a distinção entre os tipos e as possibilidades de haver partes convenentes dá conta de que, independentemente de nomenclatura, existiriam convenções coletivas de trabalho cuja aplicação poderia ter maior ou menor nível de eficácia subjetiva, assim como de que poderiam existir convenções coletivas de trabalho simultaneamente vigentes e aplicáveis ou inaplicáveis a uma mesma categoria ou grupo de trabalhadores em um ou mais estados ou municípios.

A prevalência de uma convenção coletiva de trabalho sobre outra ou outras coexistentes e que seriam aplicáveis para empregados e empregadores do mesmo ramo de atividade profissional era solucionada por um órgão administrativo e sem qualquer indicativo de um critério jurídico-hermenêutico. A solução cabia à decisão do Ministro do Trabalho, que, instado mediante requerimento prévio por algum convenente, concordava ou não se uma determinada convenção coletiva seria considerada generalizadamente obrigatória, derrogando as demais[60].

---

(60) Cf. Decreto n. 21.761 (1932), "Art. 11. Quando uma convenção coletiva houver sido celebrada em um ou mais Estados ou Municípios por três quartos de empregadores ou empregados do mesmo ramo de atividade profissional, poderá o Ministro do Trabalho, Indústria e Comércio, ouvida a competente Comissão de Conciliação, tornar o cumprimento da Convenção obrigatório, naqueles Estados ou Municípios, para os demais empregadores e empregados do mesmo ramo de atividade profissional e em equivalência de condições, se assim o requerer um dos convenentes. § 1º O requerimento, para esse fim, será instruído com a prova plena de haver sido a convenção coletiva firmada por três quartos de empregadores ou empregados do mesmo ramo de atividade profissional o deverá conter: *a)* designação do ramo de atividade profissional e dos Estados ou Municípios visados pelo requerente; *b)* o prazo ajustado. § 2º Submetido pelo ministro o requerimento à Comissão de Conciliação, será o mesmo publicado, por determinação desta, durante quinze dias, e marcado o prazo de trinta dias, para que sobre ele se manifestem empregadores e empregados, opinando a favor ou contra a obrigatoriedade generalizada da convenção coletiva. § 3º Findo o prazo da publicação, remeterá o presidente da Comissão de Conciliação ao ministro do Trabalho, Indústria e Comércio um relatório, acompanhado de suficientes documentos, consignando: a) o número de empregadores e empregados já participantes

O Decreto n. 21.761/32 também continha algumas contradições. Pelo art. 7º[61], a convenção coletiva de trabalho era, de regra, facultativa, conquanto o art. 11 estipulasse condições pelas quais, a critério do Ministério do Trabalho, ela se tornaria obrigatória. Se não houvesse estipulação em sentido diverso, o *caput* do art. 7º previa a vigência de um ano para a convenção coletiva, com prorrogação tácita, se não manifestada a intenção contrária dentro dos 30 dias que antecediam seu prazo final, e, conquanto o § 2º do art. 7º determinasse que nenhuma convenção vigoraria por mais de 4 anos, o § 4º do mesmo dispositivo e a alínea "*a*" do art. 6ª traziam a figura da convenção coletiva por duração indeterminada.

---

da convenção coletiva; b) o número de empregadores e empregados não participantes da convenção coletiva; c) o número de empregadores e empregados que sejam favoráveis à obrigatoriedade generalizada da convenção coletiva e dos que não o sejam; d) todos os dados oficiais que sirvam para fornecer ao ministro elementos de convicção acerca da capacidade produtora de cada um dos empregadores. § 4º Concordando o ministro em tornar geralmente obrigatório o cumprimento da convenção coletiva, ficarão sem efeito naqueles Estados ou Municípios, desde a data da publicação do despacho no Diário Oficial, todas as outras convenções coletivas atinentes à mesma atividade profissional, excetuadas nelas as cláusulas que não colidirem com as da convenção generalizada e forem mais do que as desta favoráveis aos empregados. § 5º Se ao ministro parecer que a obrigatoriedade somente possa ser deferida mediante modificações na convenção a ser generalizada, fará devolver o relatório e os documentos à Comissão de Conciliação, para submeter as modificações à deliberação dos três quartos de empregadores e só depois de aprovados por estes procederá na conformidade do § 4º. § 6º Caso o ministro não considere justificável a obrigatoriedade generalizada da convenção coletiva, indeferirá o requerimento, fazendo devolver o relatório e os documentos à Comissão de Conciliação. (BRASIL. Decreto n. 21.761, de 23 de agosto de 1932. Institue a convenção coletiva de trabalho. Rio de Janeiro: Presidência da República, ago. 1932. Disponível em: <https://www2.camara.leg.br/legin/fed/decret/1930-1939/decreto-21761-23-agosto-1932-526768-publicacaooriginal-1-pe.html)>. Acesso em: 13 mar. 2021.

(61) Cf. Decreto n. 21.761 (1932), "Art. 7º A vigência das convenções coletivas, salvo estipulação em contrário, será de um ano. § 1º Considerar-se-á tacitamente prorrogada a convenção coletiva, nos mesmos termos e condições, sempre que os convenentes não hajam manifestado, pelo menos, trinta dias antes de terminar o ano ou prazo estipulado, intenção contrária à prorrogação. § 2º Seja por estipulação inicial ou por prorrogação, nenhuma convenção coletiva poderá vigorar por mais de quatro anos. § 3º As prorrogações das convenções coletivas serão igualmente registradas e arquivadas no Ministério do Trabalho, Indústria e Comércio, na conformidade do art. 2º. § 4º A convenção coletiva por duração indeterminada ou tacitamente prorrogada pode cessar por vontade de qualquer das partes convenientes, assim como pode dela desligar-se todo componente de sindicato ou agrupamento convenente, desde que notifique à outra parte a sua resolução, pelo menos, com trinta dias de antecedência, e a comunique ao Ministério do Trabalho, Indústria e Comércio, excetuado o caso de ser tal faculdade expressamente vedada pela convenção. § 5º A revogação das convenções só poderá ser decidida pela mesma forma exigida para a sua estipulação, fazendo-se a afixação das cópias autênticas da revogação na conformidade do que dispõe o art. 3º o seu registro e arquivamento no Ministério do Trabalho, Indústria e Comércio dentro do prazo de trinta dias da assinatura. § 6º A convenção, desde que seja estipulada para um determinado serviço, se este não for concluído no período de quatro anos, será considerada concluída por efeito da expiração desse período. (*Ibid.*, 1932).

Significativo também era o fato de que a convenção coletiva de trabalho concebida à época não era dotada de efeito *erga omnes* ou ultracontraente. Sua eficácia, além de limitada aos associados do sindicato e àqueles que manifestassem interesse em aderir à convenção coletiva de trabalho, poderia ainda ser objeto de uma espécie de recusa. De acordo com o § 1º do art. 1º[62], o procedimento para celebração da convenção coletiva de trabalho e a sua condição de validade poderia exigir até três assembleias. A primeira, mediante assembleia prevista no estatuto ou assembleia geral, especialmente convocada para deliberação sobre a convenção coletiva de trabalho. A segunda, mediante assembleia para validar aquilo que foi ajustado na convenção coletiva, que funcionava como uma espécie de assembleia de ratificação, onde se exigia a maioria de dois terços dos associados. E uma terceira assembleia, também ratificadora, cuja convocação e quórum de ratificação seguiriam os termos do estatuto. E, nos termos do § 2º do art. 5º[63] do Decreto n. 21.761/32, o empregado, o empregador ou o sindicato que não concordasse em ratificar a convenção coletiva de trabalho e que tivesse votado contra ela, ou que não tivesse comparecido à assembleia de aprovação, poderia exonerar-se do seu cumprimento, desde que se demitisse do sindicato ou da associação no prazo de 10 dias da assembleia que aprovara a convenção coletiva de trabalho.

A representação sindical, a liberdade sindical e a autonomia privada coletiva não foram prestigiadas ao tempo do Decreto n. 21.761/32, restringindo

---

(62) Cf. Decreto n. 21.761 (1932), "Art. 1º Entende-se por convenção coletiva de trabalho e ajuste relativo às condições do trabalho, concluído entre um ou vários empregadores e seus empregados, ou entre sindicatos ou qualquer outro agrupamento de empregadores e sindicatos, ou qualquer outro agrupamento de empregados. § 1º Os sindicatos e federações sindicais ou associações de empregadores ou de empregados só poderão celebrar convenções coletivas de trabalho quando o fizerem por expressa disposição dos seus estatutos ou por deliberação de assembléia geral especialmente convocada para esse fim, dependendo a validade dos ajustes, num e noutro caso, de ratificação, em outra assembléia, por maioria de dois terços de associados, ou em terceira convocação, nos termos dos estatutos. § 2º As convenções coletivas de trabalho são facultativas, podendo, entretanto, tornar-se obrigatórias nos termos do art. 11 deste decreto (*Ibid.*, 1932).

(63) Cf. Decreto n. 21.761 (1932), "Art. 5º Desde que preencham as formalidades exigidas pelos artigos anteriores, as convenções coletivas obrigam tanto aos sindicatos ou agrupamentos que as ajustarem ou que vierem a aderir, como aos seus componentes, os quais não ficarão exonerados das obrigações assumidas pelo fato de retirarem a sua adesão ou deixarem de fazer parte dos sindicatos ou agrupamentos. § 1º Todo empregador e sindicato, ou agrupamento de empregadores ou empregados de uma mesma região e do mesmo ramo de atividade profissional, poderá, em qualquer tempo, aderir à convenção coletiva celebrada, desde que consintam as partes convenentes, e, neste caso, a adesão só se tornará operante quando feito o registro e arquivamento no Ministério do Trabalho, Indústria e Comércio, nos termos do art. 2º deste decreto. § 2º O componente de um sindicato ou de qualquer outra associação que não haja concordado em ratificar uma convenção coletiva, quer tenha votado contra ela, quer não tenha comparecido à assembléia ratificadora, poderá exonerar-se de qualquer compromisso, demitindo-se, por escrito, do sindicato ou associação no prazo de 10 dias, contados da data em que se tiver realizado a referida assembléia." (*Ibid.*, 1932).

sobremaneira a noção de poder sindical. Era um tempo em que a autonomia privada individual poderia preponderar sobre as deliberações coletivas, o que comprometia a eficácia da convenção coletiva de trabalho e, naturalmente, o desenvolvimento da negociação coletiva do trabalho, cujo alicerce, atualmente predominante, se dá na premissa de que as deliberações do sindicato não podem ser derrogadas pela manifestação individual dos particulares, em razão de que o interesse coletivo sobrepõe o interesse individual. Essa característica influenciou diretamente a compreensão sobre a natureza jurídica das cláusulas previstas em convenções coletivas de trabalho.

Por meio do Decreto n. 24.694/1934, o governo federal intensificou a ingerência sobre as entidades sindicais, regulando minuciosamente a constituição, a organização e a atuação dessas entidades, bem como estabeleceu direito de preferência aos empregados sindicalizados nos trabalhos de empresas que explorassem serviços públicos e nos trabalhos públicos a cargo da União, dos Estados e dos Municípios[(64)].

A Constituição de 1934[(65)], originariamente, adotou, no art. 120, parágrafo único, a pluralidade sindical, conquanto efetivamente a regra constitucional nunca tenha sido realizada.

Getúlio Vargas outorgara, em 10 de novembro de 1937, a Constituição do Estado Novo, instaurando, no país, um regime autoritário com nenhuma vocação para a autonomia e para a liberdade sindicais, embora contraditoriamente estatuísse que a associação profissional ou sindical seria livre e que estas poderiam estipular contratos coletivos de trabalho compulsórios a todos os integrantes da categoria.

Com autorização do art. 180 da Constituição de 1937, no dia 5 de julho de 1939, o Presidente da República Getúlio Vargas edita o Decreto n. 1.402, proibindo a greve e estatuindo a unicidade sindical e a representação sindical à base territorial distrital, municipal, intermunicipal, estadual, interestadual e, excepcionalmente, nacional, cujo reconhecimento seria dado pelo Ministro do Trabalho, Indústria e Comércio.

Para Amauri Mascaro Nascimento[(66)], a Constituição de 1937 instituiu uma organização corporativa em toda a ordem econômica, vinculando à

---

(64) MAIOR, Jorge Luiz Souto. Op. cit., 2017. p. 226/230.

(65) Cf. BRASIL, Constituição (1934), "Art. 120. Os syndicatos e as associacções profissionaes serão reconhecidos de conformidade com a lei. Paragrapho unico. A lei assegurará a pluralidade syndical e a completa autonomia dos syndicatos." (BRASIL. Constituição (1934). *Constituição da República dos Estados Unidos do Brasil:* promulgada em 16 de julho de 1934). Disponível em: <https://www2.camara.leg.br/login/fed/consti/1930_1939/constituicao_1934_16_julho_1934_365196publicacaooriginal_1_pl.html>. Acesso em: 02 out. 2021.

(66) NASCIMENTO, Amauri Mascaro. *Compêndio de direto sindical*. 8. ed. São Paulo: LTr, 2015.

organização sindical o desempenho de funções semipúblicas delegadas pelo Poder Público, voltadas à promoção e à organização corporativa da economia nacional, a qual era gerida pelo Conselho de Economia Nacional, que foi mantido mesmo na Constituição de 1946, e só foi efetivamente afastada na Constituição de 1988(67).

A Consolidação das Leis do Trabalho, aprovada pelo Decreto-lei n. 5.452, de 1º de maio de 1943, incorporou o Decreto-lei n. 1.402, de 1939, sobre a organização sindical, o Decreto-lei n. 2.381, sobre o enquadramento sindical, e o Decreto-lei n. 2.377, de 1940, sobre contribuição sindical. Essa Consolidação das Leis do Trabalho não alterou a negociação coletiva e não previu o acordo coletivo em nível de empresa, este último disciplinado, mais tarde, pelo Decreto-lei n. 229, de 28 de fevereiro de 1967.

A Constituição de 1946 restabeleceu o direito de greve, contudo, não alterou a organização sindical e o arquétipo corporativista de sindicato(68).

Para Mauricio Godinho Delgado(69), a Constituição Federal de 1988 é o mais relevante ponto de mudança no modelo trabalhista e sindical, desde 1930/1945, com claros pontos de avanço democrático, especialmente porque fixa o reconhecimento e incentivos jurídicos efetivos ao processo negocial coletivo autônomo, conquanto, contraditoriamente, preserve institutos e mecanismos autoritário-corporativos(70).

Na Constituição de 1988, a organicidade da liberdade e da representação sindical foi estatuída com esse legado heterorregulativo do direito do trabalho, com excessivo intervencionismo estatal, o que explica a letargia do desenvolvimento da sindicalização livre e autônoma no Brasil.

A manutenção do sindicato único, na Constituição de 1988, indica a imprecisão dogmática do interesse coletivo na negociação coletiva, o que, consequentemente, fomentou a ideia, até hoje predominante, de que existe um conflito normativo entre o acordo coletivo de trabalho e a convenção coletiva de trabalho simultaneamente vigentes. Esse conflito é concebido a partir de uma perspectiva do melhor acolhimento do interesse individual no resultado do processo negocial e de que o interesse coletivo da categoria é único e indivisível.

No âmbito doutrinário e jurisprudencial, o interesse individual constituiu o alicerce da Teoria do Conglobamento, que, em síntese, orienta que, no

---

(67) / NASCIMENTO, Amauri Mascaro. *Compêndio de direto sindical*. 8. ed. São Paulo: LTr, 2015. p. 111.

(68) NASCIMENTO, Amauri Mascaro, Op. cit., 2015. p. 114.

(69) DELGADO, Mauricio Godinho. *Direito coletivo do trabalho*. 6. ed. São Paulo: LTr, 2015. p. 141.

(70) *Ibid.*, p. 141.

exame de dois diplomas coletivos concorrencialmente vigentes, aplicar-se-á aquele que, em seu conjunto, traz a melhor condição de trabalho ao trabalhador. Depois dessa aplicação conglobada do melhor diploma coletivo, o interesse coletivo seria, num segundo momento, melhor efetivado.

E isso porque o interesse coletivo foi — e atualmente predominantemente o é — concebido como um só todo indivisível e identificado como interesse único de toda categoria, ignorando-se que o interesse coletivo tem várias esferas e dimensões, confundindo-se, às vezes, mas nem sempre, com o interesse de toda a categoria, uma vez que existem interesses coletivos de grupos menores dentro da categoria, ou maios excedentes das dimensões desta(71).

O processo de construção da negociação coletiva até a Constituição de 1988, portanto, deita raízes nas características do modelo sindicalista corporativista estatal, em que a ingerência estatalista na organização e no desenvolvimento da atividade sindical e a intensa heterorregulação do direito do trabalho legaram a imprecisão do significado e da posição jurídica do interesse individual, do interesse coletivo e do interesse público na criação autônoma de normas coletivas.

A unicidade sindical ainda vige no Brasil, entretanto, a Lei n. 13.467/2017 extirpou a contribuição sindical compulsória e alterou a redação do art. 620 da CLT para eliminar a ideia de conflito coletivo entre o acordo coletivo de trabalho e a convenção coletiva de trabalho, o que, aparentemente, reforça as bases de uma representação sindical efetivamente autônoma destinada ao livre exercício da autonomia privada coletiva.

Para o exame do acordo coletivo de trabalho e da convenção coletiva de trabalho como fontes normativas que representam, de forma bivalente, o diálogo social coletivo e, ao mesmo tempo, a pacificação de interesses coletivos trabalhistas, é preciso, dantes, analisar o desenvolvimento da autonomia coletiva e as fontes de direito do trabalho.

---

(71) NASCIMENTO, Amauri Mascaro. Op. cit., 2015. p. 112.

CAPÍTULO 2

AUTONOMIA PRIVADA COLETIVA NO DIREITO DO TRABALHO

2.1. Autonomia e vontade

Ao final do século XVIII e durante todo o século XIX, a Europa assistiu à derrocada do modelo de produção econômica estruturado pelo regime das corporações de ofício, com a estruturação de um Direito novo, contrário à ideia de um sistema social organizado em estamentos. A nova regulação estatal, inspirada nos princípios da Revolução Francesa, edificou as bases para um regime contratual fundado na igualdade formal dos contratantes, na liberalização do trabalho e no desenvolvimento de relações de trabalho assentadas na autonomia da vontade, mas concomitantemente gerenciadas na esfera pública pelo direito público.(72)

Para o desenvolvimento de uma sociedade regida por relações contratadas, em que os próprios particulares estabeleceriam o conteúdo e as regras que disciplinariam seus interesses, foi preciso compreender e juridificar a 'autonomia' e a 'vontade do indivíduo' e, em seguida, a 'legitimidade' e a 'capacidade' para livremente contratar.

No campo jurídico, conquanto atualmente pareçam representar ideias indissociáveis, até pouco tempo atrás, era difícil conceber a simbiose entre autonomia e vontade, o que, para ser alcançado, exigiu a ascensão do regime republicano e da forma democrática nos governos, o reconhecimento jurídico de novas instituições e institutos e a construção de um estatuto jurídico das liberdades do indivíduo.

De uma perspectiva geral, a autonomia pode ser definida como a capacidade de o sujeito determinar seu próprio comportamento individual nos diversos aspectos de sua vida. Entretanto, a noção de autonomia da pessoa não é ilimitada, mas sim inserida, compreendida e proporcionalmente limitada pelos interesses públicos e coletivos da convivência em sociedade em um determinado tempo.(73)

---

(72) SILVA, Sayonara Grillo Coutinho Leonardo da. Op. cit., 2008. p. 56.
(73) SANTOS, Ronaldo Lima dos. *Teoria das normas coletivas.* São Paulo: LTr, 2007. p. 103.

Pode-se afirmar, então, que a noção de autonomia contempla, no mínimo, dois elementos: expressa a identificação de uma esfera de liberdade e, ao mesmo tempo, o exercício de um poder de autorregulamentação.(74)

A autonomia significa dar leis a si mesmo, podendo ser pública ou privada. A primeira é o poder derivado do Estado como ente soberano, enquanto a segunda é o poder de criar normas jurídicas pelos próprios interessados.(75)

A vontade, por sua vez, é mecanismo nuclear na formação de uma relação jurídica contratual. O contrato compõe-se de declarações convergentes em pontos essenciais e decisivos, emitidas pelas partes, individualmente consideradas, para a produção consensual de efeitos jurídicos obrigacionais.(76)

Numa perspectiva filosófica, e portanto amplificada, ao examinar os estudos de Hanna Arendt e de Santo Agostinho sobre o fenômeno da vontade, Ronaldo Lima dos Santos(77) conclui que a vontade, como algo inerente ao ser humano, apresenta duas funções específicas: a de singularizar o ser humano em relação aos seus iguais e a de possibilitar o ser humano a dar direcionamento à sua vida, de acordo com suas predileções inerentes à dinâmica de sua existência.

A juridificação de que o indivíduo pode ser dotado de capacidade e de legitimidade para autonomamente expressar sua vontade e, desse modo, produzir atos jurídicos válidos e eficazes em relação a outrem ou ao próprio Estado, levou à compreensão hoje consagrada de que, mesmo fora do Estado, há espaço para autorregulamentação jurídica de diversos interesses.

2.2. Autonomia da vontade

Conquanto desde o direito romano as pessoas fossem livres para contratar, o princípio da autonomia da vontade teve seu apogeu após a Revolução Francesa, com a potencialização do individualismo e o fomento da liberdade em todos os campos. Desde então, diversos ordenamentos jurídicos incorporaram a ideia de que a vontade manifestada pelo indivíduo deve ser respeitada e avença legalmente realizada tem o mesmo valor que a lei em relação às partes contratadas.(78)

---

(74) GIUNU, Gino *apud* SILVA, Walküre Lopes Ribeiro da. *Direito do trabalho coletivo administrativo, ambiental e internacional.* In. DELGADO, Mauricio Godinho; DELGADO, Gabriela Neves (Orgs.). *Autonomia privada coletiva e o direito do trabalho.* v. 3 (Coleção doutrinas essenciais), p. 349-363, São Paulo: RT, 2012. p. 356, 357.

(75) MARTINS, Sérgio Pinto. *Pluralismo do direito do trabalho.* 2. ed. São Paulo: Saraiva, 2016. p. 120, 121.

(76) GOMES, Orlando. *Contratos.* 4. ed. Rio de Janeiro: Forense, 1973. p. 17, 18.

(77) ARENDT, Hanna; AGOSTINHO, Santo *apud* SANTOS, Ronaldo Lima dos. *Teoria das normas coletivas.* São Paulo: LTr, 2007. p. 105.

(78) GONÇALVES, Carlos Roberto. *Direito civil brasileiro.* 17. ed., v. 3. São Paulo: Saraiva, 2020. p. 44, 45.

A Revolução Francesa edificou as bases de uma ordem social considerada formalmente igual, consubstanciada no pensamento da autossuficiência dos direitos inatos do homem, da autonomia da vontade como fonte geradora da ordem social e política, do livre consentimento como fundamento da convivência social e do limite conatural do Poder.[(79)]

O princípio da igualdade de todos perante a lei fomentou a indiferença da ordem jurídica pela situação das partes de qualquer contrato. As partes seriam iguais e livres e não precisavam da interferência do Estado, ainda que na forma legislativa, para impedir ou conter a estipulação de obrigações de qualquer espécie.[(80)]

Entretanto, mesmo no individualismo liberal, observa-se que a autonomia da vontade não implica, necessariamente, uma vontade psíquica ou natural do indivíduo, mas uma vontade eminentemente jurídica, reconhecida ou atribuída pelo ordenamento jurídico, donde a capacidade real de querer não é condição necessária para o poder, mas sim e somente um pressuposto de capacidade jurídica.[(81)]

Essa compreensão da manifestação da autonomia da vontade como vontade de cunho jurídico para formação do contrato foi conduzida pelo desenvolvimento conceitual da 'autonomia privada'.

Voltada para o desenvolvimento das liberdades em face do Estado, a autonomia da vontade concebida pelo liberalismo edificara as bases da liberdade de contratar e da liberdade contratual, sem atentar, contudo, à possibilidade de existir uma desigualdade substancial entre os particulares contratantes.

No magistério de Orlando Gomes[(82)], a liberdade de contratar contempla os poderes de autorregência de interesses, de livre discussão das condições contratuais e de escolha do tipo de contrato conveniente que reproduzirá manifestação de vontade, o que se manifesta sob três aspectos: i) liberdade de contratar propriamente dita; ii) liberdade de estipular o contrato; e iii) liberdade de estruturar o conteúdo do contrato.

O abuso da igualdade jurídico-formal no individualismo liberal, que não imaginava que o homem, libertado do poder estatal nas relações privadas, cairia na superioridade econômica, profissional, intelectual ou jurídica de seu próprio semelhante, trouxe consigo uma ofensiva contra o contrato, especialmente em face da autonomia da vontade, para que o Estado pudesse corrigir

(79) NASCIMENTO, Amauri Mascaro. Op. cit., 2015. p. 57.
(80) GOMES, Orlando. Op. cit., 1973. p. 34.
(81) SANTOS, Ronaldo Lima dos. Op. cit., 2007. p. 109.
(82) GOMES, Orlando. Op. cit., 1973. p. 30.

essas desigualdades com o intervencionismo em suas cláusulas. Surge daí a compreensão de que não há liberdade de contratar sem igualdade formal e material entre as partes.(83)

Foi no século XX, com o incremento tecnológico e a eclosão de guerras que modificariam os moldes da geopolítica do mundo, que o individualismo liberal cederia espaço para o intervencionismo do Estado, e passaria a imiscuir cada vez mais na atividade econômica a partir de ideais solidaristas e socialistas, com o objetivo de coibir abusos e equilibrar a balança contratual. A autonomia da vontade dá um salto humanístico e passa a ser compreendida à luz de uma axiologia desenhada pela centralidade e dignidade da pessoa humana, permanecendo como base elementar do contrato, mas agora inspirada em uma liberdade de contratar fundada na igualdade material e formal, limitada e condicionada por preceitos e normas de ordem pública em benefício do bem-estar comum.(84)

Para grande parte da doutrina contemporânea, a expressão 'autonomia da vontade' seria sinônimo de autonomia privada, entretanto, observa Francisco dos Santos Amaral Neto, citado por Walküre Lopes Ribeiro da Silva(85), que a primeira tem uma conotação mais subjetiva, psicológica, destacando a manifestação de vontade com vistas à prática de um ato jurídico, enquanto a segunda indica a vontade como expressão do poder dos particulares de criarem normas jurídicas.

A autonomia da vontade, de índole subjetiva, ressalta o desenvolvimento e a manifestação de vontade do indivíduo livre para a prática de um ato jurídico com validade e eficácia em um determinando ordenamento. Representa a faculdade no sentido do querer psicológico, expressando a esfera de liberdade do indivíduo para direcionar e objetivar suas inclinações em direção ao cumprimento das perspectivas por ele visionadas para o seu caminhar no mundo. Uma relação intrapessoal do eu consigo mesmo.(86)

Em linhas gerais, a autonomia da vontade significa o poder atribuído aos indivíduos de suscitar, mediante declaração de vontade, efeitos reconhecidos e tutelados pela ordem jurídica, de modo que toda pessoa capaz teria o poder de provocar o nascimento de um direito ou de obrigar-se.(87)

---

(83) CESARINO JUNIOR, Antônio Ferreira. *Direito social brasileiro:* direito individual do trabalho. 2. ed., v. 2. São Paulo: Saraiva, 1970. p. 21,22.

(84) GAGLIANO, Pablo Stolze. PAMPLONA FILHO, Rodolfo. *Novo curso de direito civil.* 4. ed., v. 4, Tomo 1. São Paulo, Saraiva: 2008. p. 34-36.

(85) AMARAL NETO, Francisco dos Santos *apud* SILVA, Walküre Lopes Ribeiro da. *Direito do trabalho coletivo administrativo, ambiental e internacional.* In: DELGADO, Mauricio Godinho; DELGADO, Gabriela Neves (Orgs.). *Autonomia privada coletiva e o direito do trabalho.* v. 3 (Coleção doutrina essenciais), p. 349-363, São Paulo: RT, 2012. p. 350-351.

(86) SANTOS, Ronaldo Lima dos. Op. cit., 2007. p. 117.

(87) GOMES, Orlando. Op. cit., 1973. p. 28.

A noção de uma igualdade formal e material no exercício da manifestação da vontade ocorrera com o desenvolvimento conceitual da autonomia privada, pois, com o reconhecimento desta como poder de criação de normas intersubjetivas, foi naturalmente necessário regular o seu exercício.

2.3. Autonomia privada

A análise da autonomia privada cobra o estudo prévio do que é uma 'relação jurídica'. Uma relação jurídica tem por origem a regra de direito, logo, supõe um evento jurídico (fato jurídico, ato jurídico ou ato ilícito), previsto em lei, que vincula duas ou mais pessoas juridicamente, podendo uma exigir da outra comportamento típico, determinado ou determinável prestação. A relação jurídica, a partir do desenvolvimento da autonomia privada, pode ser de direito privado e de direito público. A primeira decorre de lei ou contrato; enquanto a segunda, de lei ou tratado internacional.(88)

Observa Orlando Gomes(89) que é preciso distinguir o contrato da relação jurídica por ele instaurada, pois esta última só se realiza com a execução daquele. O contrato seria o propulsor da relação, no entanto, o acordo de vontades e a relação jurídica instaurada seriam, respectivamente, os aspectos subjetivo e objetivo da mesma entidade jurídica, o que justifica o alcance do contrato da formação até sua extinção. No contrato de trabalho, por exemplo, tipificado como um contrato de duração, os direitos do empregado prendem-se à execução do acordo inicial de vontades.

A noção de autonomia, no âmbito do direito, foi estruturada inicialmente na esfera pública, para justificar a legitimidade na regulação do interesse público. Posteriormente, o pandectismo alemão desenvolveu a tese da autonomia da vontade e, em seguida, a tese da autonomia privada, incorporando-a à teoria do negócio jurídico para que a razão deste deixasse de ser explicada apenas na simples manifestação de vontade, para ser fundamentada na autonomia privada, esta compreendida como uma vontade predicada pela potestade de criar regras jurídicas.(90)

A autonomia privada não se resume à mera liberdade de contratar ou à simples liberdade natural; ela representa o exercício de um poder de estipular normas jurídicas, reconhecido ou atribuído pelo Estado. Também não se confunde com o direito subjetivo do indivíduo, porque a autonomia privada precede à relação jurídica vinculativa instaurada e dotada de consequências

---

(88) GUSMÃO, Paulo Dourado de. *Introdução ao estudo do direito*. 33. ed. Rio de Janeiro: Forense, 2003. p. 254, 255.

(89) GOMES, Orlando. Op. cit., 1973. p. 17, 18.

(90) SANTOS, Ronaldo Lima dos. Op. cit., 2007. p. 110, 111.

jurídicas, isto é, o exercício da autonomia privada precede a criação da norma.[91] O direito subjetivo, como faculdade assegurada pela lei ou pelo negócio jurídico de exigir determinada conduta comissiva ou omissiva de alguém[92], é instituído, na hipótese do negócio jurídico, pelo poder normativo reconhecido à autonomia privada.

A autonomia privada dá, assim, sustentáculo ao direito subjetivo criado pelo negócio jurídico.

Esse poder de criar normas, atribuído à autonomia privada, não é absoluto e cede espaço e interferência ao interesse público, salvaguardados nas normas estatalistas. Isso não significa, contudo, que toda e qualquer norma estatal sobreporá a autonomia privada. Para consubstanciar a autonomia privada como um poder, as próprias normas estatais estabelecem critérios, regras, princípios, garantias e institutos para coibir a ingerência do Estado nos espaços salvaguardados à autonomia privada, ao mesmo tempo em que este mesmo Estado institui critérios, regras, princípios, garantias e institutos para restringir o poder conferido à autonomia privada.

A autonomia privada, ao consistir no poder de criar efeitos jurídicos que as partes julgaram convenientes, deve ser compreendida dentro da liberdade de discussão do conteúdo do contrato, conquanto tal liberdade possa ser sacrificada em alguns contratos, especialmente naqueles em que não se verifica equilíbrio econômico entre as partes.[93]

Há, assim, uma conexão ambivalente, dinâmica e ramificada da autonomia privada com as regras e os princípios que conformam o ordenamento jurídico.

Para Ronaldo Lima dos Santos[94], a autonomia privada é dotada das seguintes características: i) poder de estipular regras jurídicas para a regulação dos próprios interesses, pressupondo uma relação interpessoal do 'eu' inserido numa ordem social maior; ii) concretude, referindo-se a interesses concretos e específicos; iii) cria regras vinculantes às partes relacionadas no seu exercício, revelando sua contraposição à abstração das regras oriundas de fontes heterônomas; d) limitável pelo ordenamento jurídico, o qual a concilia com a quota de liberdade de outras pessoas e com outros valores do Estado Democrático de Direito.

No próximo capítulo, será examinada a autonomia privada individual com o enfoque em sua contribuição para o desenvolvimento da autonomia privada coletiva.

---

(91) SANTOS, Ronaldo Lima dos. Op. cit., 2007. p. 112, 113.
(92) GUSMÃO, Paulo Dourado de. Op. cit., 2003. p. 261.
(93) GOMES, Orlando. Op. cit., 1973. p. 36.
(94) SANTOS, Ronaldo Lima dos. Op. cit., 2007. p. 113-117.

2.3.1. Autonomia privada individual

A autonomia privada individual tem por escopo satisfazer o interesse individual da pessoa física ou jurídica singularmente considerada, a qual dispõe de plena liberdade, nos limites da lei.(95) No Direito do Trabalho, sua compreensão tem grande significado teórico, especialmente para definição desse ramo do direito como sendo público, privado ou social.

No Direito do Trabalho brasileiro, a autonomia privada individual é encontrada no art. 444 da Consolidação das Leis do Trabalho, estatuindo que as relações contratuais de trabalho podem ser objeto de livre estipulação das partes interessadas, desde que respeitadas as normas de proteção ao trabalho e os contratos coletivos.(96)

Em termos semânticos, o vocábulo individual, ao compor a expressão 'autonomia privada', não está vinculado à noção restrita de pessoa física, mas aos efeitos normativos concretos e divisíveis dos sujeitos legitimados a exercerem o próprio autorregramento, contemplando, assim, as pessoas físicas e as pessoas jurídicas de direito público e privado, todas aptas a estabelecerem relações jurídicas intersubjetivas ou plurissubjetivas, conforme a composição quantitativa existente entre os polos da relação.(97)

A amplitude e a intensidade do poder atribuído à autonomia privada estão proporcionalmente relacionadas à natureza dos direitos e obrigações objeto do seu exercício, de modo que, quanto maior forem a individualidade, a divisibilidade e a disponibilidade do bem, maior será o grau de exercício da autonomia privada.(98)

Direitos e obrigações de cunho patrimonial seriam objeto de ampla e intensa autorregulamentação pelo exercício da autonomia privada individual,

---

(95) SILVA, Walküre Lopes Ribeiro da. *Direito do trabalho coletivo administrativo, ambiental e internacional.* In: DELGADO, Mauricio Godinho; DELGADO, Gabriela Neves (Orgs.). *Autonomia privada coletiva e o direito do trabalho.* v. 3 (Coleção doutrina essenciais), p. 349-363, São Paulo: RT, 2012. p. 356-357.

(96) Cf. "Art. 444. As relações contratuais de trabalho podem ser objeto de livre estipulação das partes interessadas em tudo quanto não contravenha às disposições de proteção ao trabalho, aos contratos coletivos que lhes sejam aplicáveis e às decisões das autoridades competentes. Parágrafo único. A livre estipulação a que se refere o *caput* deste artigo aplica-se às hipóteses previstas no art. 611-A desta Consolidação, com a mesma eficácia legal e preponderância sobre os instrumentos coletivos, no caso de empregado portador de diploma de nível superior e que perceba salário mensal igual ou superior a duas vezes o limite máximo dos benefícios do Regime Geral de Previdência Social." (BRASIL. *Decreto-lei n. 5.452, de 1º maio de 1943.* Aprova a Consolidação das Leis do Trabalho. Rio de Janeiro: Presidência da República, maio. 1943. Disponível em: http://www.planalto.gov.br/ccivil_03/decreto-lei/del5452.htm. Acesso em: 27 out. 2021).

(97) SANTOS, Ronaldo Lima dos. Op. cit., 2007. p. 118-119.

(98) *Ibid.*, p. 119.

conquanto esse autorregramento não estivesse infenso à ingerência e à contenção estatal. A boa-fé, em sua função de controle, por exemplo, é uma das cláusulas tidas por gerais e costumeiramente previstas em grande parte dos ordenamentos jurídicos ocidentais como mecanismo de balizamento do exercício da autonomia privada individual.

A incidência do poder de autorregulamentação sobre os direitos da personalidade — isto é, sobre os direitos e as obrigações de cunho extrapatrimonial — iniciou um vigoroso processo construtivo das contenções ao exercício da autonomia privada individual. A partir de uma compreensão jurídica de que até mesmo os direitos da personalidade teriam espaços em que se autoriza o exercício da autonomia privada individual, a lei, a doutrina e a jurisprudência desenvolveram limites ao referido exercício, os quais nem sempre são uníssonos e harmônicos.

No Brasil, exemplificativamente, a Lei n. 10.406/2002 prevê, em seu art. 11, que os direitos da personalidade são intransmissíveis, irrenunciáveis e não pode o seu exercício sofrer limitação voluntária[(99)]; entretanto, em sentido contrário, as Jornadas de Direito Civil promovidas pelo Superior Tribunal de Justiça e pelo Conselho da Justiça Federal trouxeram enunciados admitindo que os direitos da personalidade podem sofrer limitação voluntária, ainda que não especificamente previstas em lei, desde que não seja permanente nem geral, não haja abuso de direito e inexista contrariedade à boa-fé e aos bons costumes.[(100)]

Apesar de existirem evidentes, naturais e compreensíveis contradições hermenêuticas, de um modo geral, a interpretação extraída é de que os direitos e obrigações de cunho extrapatrimonial são objeto de restrita e de diminuta possibilidade de autorregulamentação pelo exercício da autonomia privada individual.

De todo modo, a incidência do poder de autorregulamentação sobre os direitos da personalidade — isto é, sobre os direitos e as obrigações de cunho extrapatrimonial — é um importante fenômeno social que deu início a um vigoroso processo construtivo de contenções ao exercício da autonomia

---

(99) Cf. BRASIL. *Lei n. 10.406, de janeiro de 2002*. Institui o Código Civil. Brasília: Presidência da República, jan. 2002. Disponível em: <http://www.planalto.gov.br/ccivil_03/leis/2002/l10406compilada.htm>. Acesso em: 25 out. 2021.

(100) Enunciado n. 4, I Jornada de Direito Civil. O exercício dos direitos da personalidade pode sofrer limitação voluntária, desde que não seja permanente nem geral. Disponível em: <https://www.cjf.jus.br/enunciados/enunciado/650>, 2012. Acesso em: 25 out. 2021. Enunciado n. 139, III Jornada de Direito Civil. Os diretos da personalidade podem sofrer limitações, ainda que não especificamente previstas em lei, não podendo ser exercidos com abuso de direito de seu titular, contrariamente à boa-fé objetiva e aos bons costumes. Disponível em: <https://www.cjf.jus.br/enunciados/enunciado/222>. Acesso em: 25 out. 2021.

privada individual, o que, em certa medida, é perpassado à discussão sobre o exercício da autonomia privada coletiva, o que tem influenciado, pelos mesmos caminhos, os limites e o conteúdo da relação de emprego.

É fato que, no Direito do Trabalho, determinadas matérias não autorizadas pela autonomia privada individual são autorizadas no âmbito da autonomia privada coletiva. A nova redação do art. 620 da CLT, trazida pela Lei n. 13.467/2017, ao estatuir a prevalência do acordo coletivo do trabalho sobre a convenção coletiva de trabalho, indica um movimento de expansividade do exercício da autonomia privada coletiva sobre o universo do conteúdo da negociação coletiva, e, consequentemente, da representação sindical dos diversos interesses coletivos existentes em uma determinada categoria profissional.

Em linhas gerais, independentemente do ramo do Direito, à medida em que se expande o poder conferido à autonomia privada individual, proporcionalmente cresce a controvérsia em torno dos limites impostos às pessoas físicas ou jurídicas para voluntariamente autorregulamentarem direitos e obrigações.

Ronaldo Lima dos Santos assinala que, para proteger o hipossuficiente, o Direito Positivo passou a imiscuir-se nas relações materialmente desiguais, com a elaboração de normas cogentes ou de ordem pública, limitando o exercício da autonomia privada individual, para resguardar a integridade jurídica da parte considerada mais vulnerável.[(101)]

No campo do Direito Individual do Trabalho, foram erigidos ao menos dois princípios que servem de contenção ao exercício da autonomia privada individual: o princípio da proteção, fundado na premissa de que a relação jurídica de emprego é constituída pela superioridade econômica do empregador sobre o empregado; e o princípio da irrenunciabilidade dos direitos trabalhistas, consubstanciado na ideia de que os direitos trabalhistas adquiridos não poderiam ser objeto de renúncia.

Do princípio da proteção, para Sérgio Pinto Martins[(102)], outros três princípios seriam desmembrados: o *in dubio pro operário*: na dúvida, deve-se aplicar a norma mais benéfica ao trabalhador, quais sejam: o da aplicação da norma mais favorável ao trabalhador, ou seja, no conflito entre normas, a antinomia deve ser solucionada pela aplicação da norma que melhor favorece o trabalhador; e o da aplicação da condição mais benéfica ao trabalhador, que assegura ao trabalhador, durante o contrato de emprego, os direitos mais vantajosos.

---

(101) SANTOS, Ronaldo Lima dos. Op. cit., 2007. p. 123.
(102) MARTINS, Sérgio Pinto. *Direito do trabalho.* 24. ed. São Paulo: Atlas, 2008. p. 61.

O art. 468 da CLT, por exemplo, traz a regra jurídica de que, nos contratos individuais de trabalho, só é lícita a alteração das respectivas condições por mútuo consentimento, e desde que não resultem, direta ou indiretamente, prejuízos ao empregado, sob pena de nulidade da correspondente cláusula contratual. Tem-se aqui uma espécie de intervencionismo no contrato de emprego, ou, como preferem outros, de dirigismo contratual, em que o estado estabelece limites à autonomia da vontade e à autonomia privada individual na construção e no exercício da relação de emprego.

Na relação jurídica individual de emprego, para salvaguardar o interesse público na manutenção do equilíbrio do contrato de trabalho, somente os direitos de indisponibilidade relativa podem ser objeto de exercício da autonomia privada individual, e, uma vez pactuado o contrato de emprego sob determinadas condições de trabalho, em se tratando de relação jurídica de trato sucessivo, o exercício da autonomia privada individual para alterar o pactuado não pode trazer prejuízos — diretos ou indiretos — ao empregado.

Essa limitação ao conteúdo do contrato de emprego, e, consequentemente, ao poder de autorregulamentação da relação individual de emprego gerou grande controvérsia teórica sobre a natureza jurídica dessa relação, uns definindo-a como anticontratualista e outros, como contratualista.

Nas teorias anticontratualistas — ou acontratualistas — a premissa é a de que a relação de emprego não pressupõe a existência de um contrato, o que explicaria o "porquê" de a prestação de serviços produzir efeitos jurídicos, mesmo em face de um contrato nulo.

Entre os teóricos acontratualistas, há quem defenda que a relação de emprego teria natureza jurídica estatutária, pois seu conteúdo vem preestabelecido pelas normas estatais que compõem o estatuto jurídico do direito do trabalho, e, assim, não haveria, desse modo, efetiva liberdade de estipular o seu conteúdo; é a chamada Teoria Estatutária. Na Teoria do contrato-realidade, sustenta-se, em epítome, que a relação jurídica de emprego se origina da prestação de serviços, independentemente da vontade que as partes estipularam ao seu conteúdo, existindo uma conformidade de vontades apenas para a prestação do trabalho. Para a Teoria do ato-condição, a relação de emprego não teria natureza contratual, mas sim de ato-condição, em que as partes se engajam a serem inseridos num estatuto jurídico trabalhista preexistente. A Teoria da Instituição, por sua vez, caracteriza a relação de emprego como uma instituição, surgindo com a mera inserção do trabalhador no emprego, a partir da representação de uma ideia de hierarquia e de autoridade — em que os propósitos individuais são subordinados aos propósitos da ordem social — dotadas de posições destacadas no ordenamento jurídico. O princípio de organização da instituição seria esse *status* dentro da ordem social, e não o contrato, pois esse último representaria apenas os propósitos meramente subjetivos entre dois ou mais indivíduos.[103]

Na teoria contratualista, o pressuposto é o de que o direito do trabalho consagra a liberdade do trabalho, o qual só pode ser prestado com fundamento num contrato estipulado livremente. Essa teoria distingue o contrato propriamente dito do acordo de vontades e da regulamentação das obrigações nele edificadas. O elemento essencial para conceituar o contrato de emprego estaria na liberdade do consentimento para a constituição da relação de trabalho e não na liberdade do consentimento para determinação do conteúdo dessa relação. Essa limitação da autonomia privada individual à fixação do conteúdo do contrato individual de emprego seria justificada para equilibrar as posições subjetivas do contrato, tornando-o mais equitativo. Assim, a relação jurídica de emprego teria natureza jurídica contratual, porque há necessidade de livre consentimento na sua formação, pouco importando se a discussão de suas condições não é dotada de extrema liberdade ou se é regulada precipuamente pela Lei ou pelos diplomas coletivos de trabalho.[104]

Não parecem razoáveis os argumentos de que a mitigação da autonomia privada e, assim, da liberdade de contratar, desnatura a natureza jurídica contratual de uma determinada relação. Se assim fosse admitido, o mesmo ocorreria, no plano coletivo, com as limitações existentes ao exercício da autonomia privada coletiva.

Quase sempre os contratantes se submetem a determinados preceitos legais imperativos, o que pode ocorrer, em maior ou menor extensão, em cada contrato. A liberdade de contratar jamais foi ilimitada; sempre foi confinada aos limites da ordem pública e dos bons costumes, inspirados em razões de utilidade social. Contratos que têm causa contrária a leis de ordem pública e aos bons costumes são nulos e essa limitação à liberdade de contratar se justifica para garantia do interesse público.[105]

Por outro lado, conforme assinala Orlando Gomes[106], a regulamentação bilateral das obrigações não é elemento essencial à conceituação do contrato, nada importando que resulte da livre discussão entre as partes, da preponderância de uma sobre outra, ou da necessidade de adesão ao esquema legal. Esse fenômeno de restrição e contenção à autonomia privada — individual ou coletiva — é natural, especialmente diante de sua natureza jurídica privada, o que resulta de que ela não é dotada de soberania, mas sim compreendida na soberania do Estado.[107]

---

(103) CESARINO JUNIOR, Antônio Ferreira. Op. cit., 1970. p. 23-29.
(104) *Ibid.*, p. 29-39.
(105) GOMES, Orlando. Op. cit., 1973. p. 31-32.
(106) *Ibid.*, p. 37.
(107) MARTINS, Sérgio Pinto. Op. cit., 2016. p. 123.

No Direito do Trabalho brasileiro, a autonomia privada individual é encontrada no art. 444 da Consolidação das Leis do Trabalho, que disciplina que as relações contratuais de trabalho podem ser objeto de livre estipulação das partes interessadas, desde que respeitadas as normas de proteção ao trabalho e os contratos coletivos.(108)

Pela regra prevista no art. 444 da CLT, a autonomia privada coletiva é mecanismo de contenção da autonomia privada individual. Quis o legislador trabalhista brasileiro submeter esta às regulações daquela, prevalecendo assim o interesse coletivo sobre o interesse individual.

A definição de que a relação de emprego tem natureza jurídica contratual enverada a uma conclusão bivalente: a presença marcante do poder conferido ao exercício da autonomia privada individual no Direito do Trabalho e a admissão de que o contrato de emprego é espécie do gênero negócio jurídico.

Atualmente, no Direito do Trabalho, o negócio jurídico constitui, assim, uma das espécies de fonte de normas jurídicas desse ramo; a autonomia privada caracteriza-se como um poder normativo originário; e o contrato de emprego, o meio de ordenação de interesses individuais da relação jurídica de emprego.(109) Guardadas as devidas peculiaridades, essas características edificaram o ponto de partida para o desenvolvimento e o reconhecimento da autonomia privada coletiva.

Com a coletivização de interesses comuns e o reconhecimento dos agrupamentos sociais, surge uma nova dimensão ao exercício da autonomia privada, o que será objeto de exame no próximo capítulo.

2.3.2. Autonomia privada coletiva

Autonomia privada individual e autonomia privada coletiva, conquanto similares, não se confundem. A finalidade do poder conferido a cada uma é substancialmente e estruturalmente distinta.

Foi a autonomia individual nas relações privadas que abriu o caminho para o desenvolvimento de novas formas de conflitos, agora entre as forças

---

(108) Cf. "Art. 444. As relações contratuais de trabalho podem ser objeto de livre estipulação das partes interessadas em tudo quanto não contravenha às disposições de proteção ao trabalho, aos contratos coletivos que lhes sejam aplicáveis e às decisões das autoridades competentes. Parágrafo único. A livre estipulação a que se refere o *caput* deste artigo aplica-se às hipóteses previstas no art. 611-A desta Consolidação, com a mesma eficácia legal e preponderância sobre os instrumentos coletivos, no caso de empregado portador de diploma de nível superior e que perceba salário mensal igual ou superior a duas vezes o limite máximo dos benefícios do Regime Geral de Previdência Social." (BRASIL. Op. cit., 1943).
(109) SANTOS, Ronaldo Lima dos. Op. cit., 2018. p. 118-122.

sociais existentes na sociedade, nascendo assim um novo tipo de relação jurídica (relações coletivas), com admissão de um sujeito coletivo e com a ruptura dos conflitos clássicos entre Estado e indivíduo, entre direito público e direito privado.(110)

Com o desenvolvimento do pluralismo jurídico e o reconhecimento de sujeitos coletivos legitimados a tutelar os interesses coletivos de determinados grupos, a autonomia privada foi redimensionada, agora como poder de criar normas com eficácia coletiva, conferindo-se maior liberdade de consentimento para determinação do conteúdo da relação de trabalho.

Numa perspectiva finalística, a autonomia privada coletiva visa satisfazer o interesse coletivo, pertinente ao grupo, o qual é representado por uma entidade legitimada, que dispõe de plena liberdade, nos limites da lei, para criar vínculos jurídicos regulamentadores das relações de trabalho.(111) Assim, enquanto na autonomia privada coletiva busca-se o interesse profissional da categoria, em que o titular da autonomia é o sindicato ou o grupo, na autonomia privada individual, o interesse profissional é individual e o titular da autonomia é o próprio indivíduo.

O ponto de partida para o estudo da autonomia privada coletiva é análise do processo construtivo do ordenamento jurídico composto por uma pluralidade de fontes normativas.

Observa Walküre Lopes Ribeiro da Silva(112) que a noção de ordenamento jurídico surgiu com a teoria institucionalista de Santi Romano, a qual combatia o monismo jurídico ao reconhecer que o Direito não é monopólio estatal, mas sim uma instituição entendida como sociedade ordenada e organizada, o que foi, em seguida, acertadamente criticado por Norberto Bobbio, ao conceber que o Direito não poderia ser reduzido ao aspecto institucional, pois as relações intersubjetivas só serão jurídicas quando regidas por pelo menos uma norma jurídica.

De acordo com a Teoria do Ordenamento Jurídico de Norberto Bobbio, o pressuposto metodológico para o estudo da autonomia privada coletiva é o exame da atuação normativa dos particulares, por meio de suas organizações representativas, na esfera das relações coletivas de trabalho e no contexto de um ordenamento que se apresenta como um sistema de normas oriundas de uma pluralidade de fontes, estatais e não estatais.(113)

---

(110) SILVA, Sayonara Grillo Coutinho Leonardo da. Op. cit., 2008. p. 135.
(111) SILVA, Walküre Lopes Ribeiro da. Op. cit., 2012. p. 349-363.
(112) *Id., Ibid.*.
(113) BOBBIO, Norberto *apud* SILVA, Walküre Lopes Ribeiro da. *Direito do trabalho coletivo administrativo, ambiental e internacional.* In: DELGADO, Mauricio Godinho; DELGADO, Gabriela Neves (Orgs.). *Autonomia privada coletiva e o direito do trabalho.* v. 3 (Coleção doutrina essenciais), p. 349-363, São Paulo: RT, 2012. p. 350-351.

Antes do pluralismo jurídico, o regime democrático das liberdades surge por intermédio de uma concepção individualista de que a sociedade política é um produto artificial da vontade manifestada pelos indivíduos, não tendo sido abarcada, nessa concepção, que uma sociedade política era formada não apenas por indivíduos particularmente considerados, mas por grupos e organizações coletivas dotados de poder social.(114)

O processo construtivo da negociação coletiva no direito do trabalho está relacionado à luta pelos interesses de determinados grupos de trabalhadores, os quais pretendiam o reconhecimento de novos direitos e a expansão de direitos reconhecidos. Para tanto, foi necessário alterar concepção sobre a organicidade da sociedade política. Trata-se, assim, de um fenômeno social disruptivo que se debelara contra a estrutura jurídica do Estado Liberal, que reconhece apenas a existência do interesse individual e do interesse público na relação de trabalho e é desinteressado na criação e no desenvolvimento de direitos sociais.

Conquanto reconhecida e desenvolvida a autonomia da vontade e a autonomia privada individual pelo Estado Liberal, no âmbito das relações de trabalho, essa perspectiva foi edificada sob a premissa de uma igualdade formal entre os contratantes individualmente considerados, proibindo-se organizações e coalizões entre trabalhadores, com o objetivo de os manterem atomizados, isto é, herméticos dentro da relação jurídica individual.(115)

Se antes os direitos do trabalhador estavam circunscritos às amarras dos estamentos sociais no regime das corporações de ofício, no Estado Liberal, este mesmo trabalhador agora é enclausurado em um regime de produção fabril em que os direitos trabalhistas não estavam associados ao conceito de cidadania e a liberdade de contratar não era sentida pelos valores e princípios que só mais tarde edificaram o princípio da igualdade formal e material entre os indivíduos. Para Sayonara Grillo Coutinho Leonardo da Silva:(116)

> "(...) De homens revolucionários, cidadãos ativos na derrubada do despotismo político no antigo regime, a proletários coisificados, pacificados e domados pelo regime despótico fabril. Aliás, não cidadãos, já que com o regime do voto censitário, o não-cidadão no trabalho correspondia ao não-cidadão na cidade. O confinamento da democracia à esfera da política permitiu que a economia seguisse suas regras autônomas não democráticas. A universalização do

---

(114) COLUMBU, Francesca. MASSONI, Túlio de Oliveira. *O Supremo Tribunal Federal e o esvanecer dos direitos sociais: leading case* sobre trabalho regulado e seguridade social. In: *Sindicatos, autonomia privada coletiva e ordem democrática:* análise da decisão do STF no ARE 1.121.633. cap. 13, p. 303-319. Londrina: Thoth, 2021. p. 304-306.

(115) SILVA, Sayonara Grillo Coutinho Leonardo da. Op. cit., 2008. p. 57.

(116) *Ibid.*, p. 58.

status de cidadania, atribuindo-a à totalidade de pessoas, inclusive as classes dos não proprietários e as mulheres, só ocorreu após as lutas pela ampliação do cânone democrático, com as conquistas dos direitos civis, políticos e com os direitos sociais. (...)."

O individualismo jurídico, arrimado na ideia de liberdade absoluta do homem como o único responsável pelo seu próprio interesse, enfraquecera o posicionamento jurídico do trabalhador, que, sozinho, não podia contrapor o interesse do tomador do serviço. Atrelado a isso, melhores condições de trabalho estavam fora do conceito e da própria dimensão de cidadania juridificada pelo Estado Liberal, e, no campo das relações privadas, a procura individual e atomizada dos próprios interesses desfavorecia a união dos trabalhadores.

Amauri Mascaro Nascimento[(117)] assinala que o liberalismo da Revolução Francesa condenou a existência de corpos intermediários entre o indivíduo e o Estado ao fundamento de que, para ser livre, o homem não poderia estar subordinado à associação, o que, conquanto tenha servido para extinção das corporações de ofício, reprimiu as coalizões profissionais e o desenvolvimento do movimento sindical e, corolariamente, o reconhecimento e a compreensão da autonomia privada coletiva nos diversos ordenamentos jurídicos.

Exemplo dessa nova regulação estatalista ocorrera na França, com a Lei *Le Chapelier* (1791), que decretou a proibição: i) de toda espécie de corporação de cidadãos do mesmo estado ou profissão; ii) de reuniões dos cidadãos, do mesmo estado social ou profissão, obreiros e companheiros de uma arte qualquer; iii) de todas as corporações, administrativas ou municipais, de receber qualquer solicitação ou petição sob o nome de um estado social ou profissão, ou de respondê-las, obrigando-se a declarar nulas as resoluções que tomassem. Na Inglaterra, o *Combination Act* (1799) proibiu reuniões de trabalhadores destinadas a obter melhores salários ou influir sobre as condições de trabalho. Na Itália o *Códice Penale Sardo* (1859) considerou crime toda forma de coalizão dos empregadores para reduzir salários, e dos operários, para suspender o trabalho. Nos Estados Unidos da América, o *Shermann Act* (1890) restringiu o direito de associação.[(118)]

Contudo, esse ativismo legislativo, dedicado a proibir toda e qualquer forma de associação profissional, somado à desídia do Estado Liberal no desenvolvimento dos direitos sociais, potencializaram o sentimento de solidariedade entre grupos e classes, desvelaram a necessidade do agrupamento para a formação de uma consciência coletiva e instigaram a organização coletiva dos trabalhadores como forma de pressão social e política. Esses fatores pavimentaram o caminho da união entre as classes de trabalhadores

(117) NASCIMENTO, Amauri Mascaro. Op. cit., 2015. p. 57.
(118) *Ibid.*, p. 59 -60.

como o único meio de reivindicar e estatuir melhores condições de trabalho em uma economia de livre mercado. A autonomia da vontade e a autonomia privada, antes concebidas no individualismo, passam a ser estruturadas e concebidas no plano coletivo.

A coletivização dos interesses dos trabalhadores rompeu o conceito liberal de que o trabalhador seria uma mercadoria e caracterizou a relação de trabalho como um fato político e social, levando-a para dentro do eixo da cidadania e, consequentemente, do estatuto jurídico do Estado, que passou a regular o conflito entre o capital e o trabalho. O direito coletivo serviu para equalizar, mediante regulamentação estatalista, a balança entre o capital e o valor social do trabalho, impulsionando a mudança de um modelo absolutista empresarial para um modelo de democracia de classes sociais.(119)

A autonomia privada coletiva estrutura-se a partir de duas bases teóricas: a do pluralismo político e a do pluralismo jurídico. Este, identificado por um sistema próprio de regulação das relações trabalhistas, edificado pela conjugação de fontes estatalistas e de fontes negociais, enquanto aquele é identificado pela existência de poder social, político e jurídico nos interesses múltiplos dos diversos grupos que estruturam a sociedade.(120)

Talvez, o primeiro passo para o desenvolvimento da autonomia privada coletiva iniciara timidamente no fim do século XIX, por meio do reconhecimento jurídico das associações profissionais como corpos intermediários entre o interesse individual e o interesse público, o que culminara com a institucionalização do interesse coletivo.

Com os sindicatos, reconhece-se que um determinado ente não estatal tenha não só legitimidade, mas também autonomia para promover a autorregulamentação dos interesses coletivos de determinados grupos de trabalhadores. Esses passos foram dados efetivamente no constitucionalismo ocidental das duas primeiras décadas do século XX, com destaque à Constituição de Weimar, em 1919, a primeira a desenvolver a autonomia coletiva ao constitucionalizar direitos sindicais.(121) Esse período é considerado, por muitos doutrinadores, como o nascedouro dos 'direitos de segunda geração', concebidos a partir de uma ideologia antiliberal.(122)

---

(119) CUEVA, Mário De La *apud* COLUMBU, Francesca. MASSONI, Túlio de Oliveira. Op. cit., 2021. p. 305.

(120) COLUMBU, Francesca. MASSONI, Túlio de Oliveira. Op. cit., 2021. p. 308-309.

(121) SILVA, Sayonara Grillo Coutinho Leonardo da. Op. cit., 2008. p. 64.

(122) Cf. BONAVIDES, 2002. p. 65, "(...) Os direitos fundamentais da segunda geração merecem um exame mais amplo. Dominam o século XX do mesmo modo como os direitos da primeira geração dominaram o século XIX. São os direitos sociais, culturais e econômicos bem como os direitos coletivos ou de coletividades, introduzidos no constitucionalismo das distintas formas de Estado social, depois que germinaram por obra da ideologia e da reflexão antiliberal deste século. Nasceram abraçados com o princípio da igualdade, do qual não se

Com maior intensidade, os movimentos constitucionalistas posteriores à Segunda Guerra Mundial, com o fim do totalitarismo na Europa Ocidental, consagraram os denominados 'direitos de terceira geração', fruto da sincronização dos direitos humanos e dos direitos sociais com o princípio da dignidade da pessoa humana, reproduzindo direitos de fraternidade à humanidade, período esse que, para Sayonara Grillo Coutinho Leonardo da Silva[(123)], contribuiu para um ambiente ideológico de reconhecimento dos sindicatos e das representações de trabalhadores.

A liberdade de associação e de organização sindical, bem como diversos direitos sociais foram assegurados na Declaração Universal de Direitos Humanos[(124)], proclamada pela Assembleia Geral das Nações Unidas, em 10 de dezembro de 1948, posicionando-se, desde então, como direitos supranacionais da humanidade, orientando, assim, diversos ordenamentos jurídicos nacionais a desenvolverem tais direitos.

E, provavelmente, o segundo passo significativo para o modelo de democracia de classes sociais ocorrera com o reconhecimento, pelos ordenamentos jurídicos, de que, tal qual a autonomia privada individual, a autonomia privada coletiva se apresentaria como fonte normativa de direito, contudo, reproduzindo uma vontade que não seria do indivíduo particularmente considerado, mas sim de uma coletividade dotada de um poder normativo e social originários. Esse momento é sentido expressivamente no âmbito da Organização Internacional do Trabalho, na 32ª reunião da Conferência Internacional

---

podem separar, pois fazê-lo equivaleria a desmembrá-los da razão de ser que os ampara e estimula. (...)" (BONAVIDES, Paulo. Os direitos fundamentais e a globalização. *Revista da Procuradoria-Geral do Estado do Rio Grande do Sul*, Porto Alegre, v. 25, n. 56, p. 63-74, jul./dez., 2002, p. 65).

(123) SILVA, Sayonara Grillo Coutinho Leonardo da. Op. cit., 2008. p. 72.

(124) Cf. "**Art. 23** 1. Todo ser humano tem direito ao trabalho, à livre escolha de emprego, a condições justas e favoráveis de trabalho e à proteção contra o desemprego. 2. Todo ser humano, sem qualquer distinção, tem direito a igual remuneração por igual trabalho. 3. Todo ser humano que trabalha tem direito a uma remuneração justa e satisfatória que lhe assegure, assim como à sua família, uma existência compatível com a dignidade humana e a que se acrescentarão, se necessário, outros meios de proteção social. 4. Todo ser humano tem direito a organizar sindicatos e a neles ingressar para proteção de seus interesses. **Art. 24.** Todo ser humano tem direito a repouso e lazer, inclusive a limitação razoável das horas de trabalho e a férias remuneradas periódicas. **Art. 25** 1. Todo ser humano tem direito a um padrão de vida capaz de assegurar a si e à sua família saúde, bem-estar, inclusive alimentação, vestuário, habitação, cuidados médicos e os serviços sociais indispensáveis e direito à segurança em caso de desemprego, doença invalidez, viuvez, velhice ou outros casos de perda dos meios de subsistência em circunstâncias fora de seu controle. 2. A maternidade e a infância têm direito a cuidados e assistência especiais. Todas as crianças, nascidas dentro ou fora do matrimônio gozarão da mesma proteção social." ONU. *Declaração Universal de Direitos Humanos*. Assembleia-Geral das Nações Unidas, 1948. Disponível em: <https://www.unicef.org/brazil/declaracao-universal-dos-direitos-humanos>. Acesso em: 06 out. 2021.

do Trabalho, ao consagrar, na Convenção n. 98, o direito de sindicalização e de negociação coletiva, aprovada e promulgada, no território brasileiro, na década de 1950.

Fica clara, desde então, a necessidade de uma releitura da Teoria das Fontes do Direito do Trabalho — agora como um sistema de fontes plural: estatais e não estatais — e a compreensão de que, no estudo dogmático do estuário normativo trabalhista, a Lei representaria o interesse público ou geral; a autonomia privada coletiva representaria o interesse coletivo de determinados grupos; e a autonomia individual, o interesse do indivíduo.

Registram Francesca Columbu e Túlio de Oliveira Massoni(125) que a história do direito do trabalho confunde-se com o surgimento dos grupos sociais e as conquistas dos trabalhadores à greve, à liberdade sindical e à negociação coletiva. Desde então, os estatutos jurídicos de diversos países passam a reconhecer, nos planos constitucional e infraconstitucional, a natureza normativa dos contratos coletivos, e, para tanto, várias regras e princípios de Direito são estabelecidos para normatizar as relações entre autonomia coletiva e a lei, e entre o contrato individual e o contrato coletivo de trabalho.(126)

A Constituição de 88, no Título I, assentou que um dos fundamentos da República Federativa do Brasil é a conjugação dos valores sociais e da livre iniciativa (art. 1º, IV). Trouxe, no Título II, o Capítulo I, que, por meio do art. 5º, prevê direitos, garantias e deveres, individuais e coletivos, destacando-se o direito de reunião (inciso XVI), a liberdade de associação (incisos XVII e XX), o direito de criar associações livres e autônomas (incisos XVIII e XIX), o direito de representação das associações (inciso XXI), também o direito de associações impetrarem mandado de segurança coletivo (incisos LXX, alínea *b*). No Capítulo II do mesmo Título II, estatui diversos direitos sociais, entre os quais, o reconhecimento das convenções e dos acordos coletivos de trabalho (art. 7º, inciso XXVI), a liberdade de associação profissional ou sindical (art. 8º, *caput*, e inciso V), a independência e a autonomia das entidades sindicais (art. 8º, inciso I), a legitimidade e a capacidade da representação sindical (art. 8º, inciso III e IV) e o direito de greve (art. 9º).

---

(125) Cf. COLUMBU & MASSONI, 2021. p. 305, "(...) A história do direito do trabalho confunde-se com o surgimento dos grupos sociais e as conquistas dos trabalhadores pela justiça social através dos reconhecimentos de suas vozes o que passa, necessariamente, pelos pilares do Direito coletivo do trabalho, vale dizer, liberdade sindical, negociação coletiva e direito de greve. Neste sentido, a regulação das relações laborais representa um método de equacionamento de interesses de trabalhadores e empresas; do mesmo modo, a identidade coletiva dos trabalhadores se articula com a cidadania participativa em um enredo de conflito e colaboração, binômio vital de qualquer regime democrático em sistemas capitalistas. (...)" (COLUMBU, Francesca. MASSONI, Túlio de Oliveira. Op. cit., 2021. p. 305).

(126) SILVA, Sayonara Grillo Coutinho Leonardo da. Op. cit., 2008. p. 112.

Além da Constituição de 1988, promulgada em 5 de outubro de 1988, com um capítulo próprio dedicado aos direitos sociais, no Brasil, em dezembro do mesmo ano, é firmada, no Rio de Janeiro, a Declaração do Mercosul, assegurando, nos países integrantes desse bloco, diversos direitos coletivos, entre os quais, o de liberdade de associação, a liberdade sindical, a negociação coletiva, o direito de greve, as formas preventivas e alternativas de autocomposição dos conflitos individuais e coletivos. Em seguida, por meio do Decreto n. 591/1992, o Brasil promulgou o Pacto sobre os Direitos Econômicos, Sociais e Culturais, reconhecendo, mais uma vez, diversos direitos coletivos sociais, entre eles, a liberdade sindical e a greve.

Giuliano Mazzoni *apud* Sérgio Pinto Martins(127) estrutura a autonomia privada coletiva em quatro divisões: a auto-organização; a autonomia negocial; a autotutela; e a representação de interesses. Toda essa estrutura está associada ao conceito de liberdade sindical, princípio instrumental que garante a efetiva representação da entidade sindical na negociação coletiva e garante o livre exercício da autonomia privada coletiva.

A compreensão e a extensão da liberdade sindical costumam ser proporcionais à compreensão e à extensão da democracia em um determinado ordenamento jurídico. No modelo corporativista sindical desenvolvido no Brasil, desde a década de 1930, a organização sindical, mesmo com o advento da Constituição de 1988, não encontrou terreno apropriado para a maximização da liberdade sindical e, consequentemente, não houve espaço para a promoção efetiva da autonomia privada coletiva e, por sua vez, da negociação coletiva que, embora com cariz constitucional pela redação dos arts. 7º e 8º da Constituição de 88, encontra limites numa organização sindical traçada pela unicidade, pela representação vinculada ao sistema de categorias e pela atribuição de poder normativo à Justiça do Trabalho, características estas da democracia brasileira que até hoje impedem a ratificação da Convenção n. 87 da OIT.

Essa limitação à liberdade sindical no Brasil, assinalam Francesca Columbu e Túlio de Oliveira Massoni(128), compromete a dinâmica da autonomia das partes sociais, seu potencial normativo e o grau de participação dos sujeitos na vida jurídica social. Isso porque, no direito do trabalho, a autonomia privada coletiva está assentada na liberdade e na capacidade de as entidades sindicais estabelecerem livremente a posição dos interesses coletivos considerados objetivamente mais convenientes, independentemente da eventual necessidade de alcançar finalidades indicadas por sujeitos estranhos, ou mesmo o Estado.(129)

---

(127) MARTINS, Sérgio Pinto. Op. cit., 2016. p. 125.
(128) COLUMBU, Francesca. MASSONI, Túlio de Oliveira. Op. cit., 2021. p. 307.
(129) *Ibid.*, p. 309.

Sobre essa visão conceitual expansiva da autonomia privada coletiva, registra Walküre Lopes Ribeiro da Silva(130) que a construção do conceito de autonomia privada coletiva vinculado não apenas à negociação coletiva, mas também à liberdade sindical e à autotutela, à luz da Constituição Italiana de 1947, teve início com os escritos de Francesco Santoro-Passarelli, responsável por romper com a visão publicística do período fascista, promovendo a redemocratização italiana e repondo o direito do trabalho no campo do direito privado.

Para Walküre Lopes Ribeiro da Silva(131):

> "(...) A aceitação do sentido mais amplo da autonomia coletiva dos particulares, que nos parece a melhor posição doutrinária, conduz as indagações sobre a relação entre o Estado e a autonomia privada a tocarem em uma questão essencial, qual seja, o grau de democracia, e consequentemente, de participação presente em um dado modelo político-jurídico. Sob essa ótica, vemos a autonomia privada coletiva alcançar um significado maior, pois de seu exercício resultam não apenas acordos, convenções e contratos coletivos de trabalho, mas também os chamados pactos sociais. Isto é, a autonomia coletiva enseja tanto a negociação coletiva entre os atores sociais, como a negociação ou concertação social entre o Estado e os atores sociais. A autonomia coletiva pode propiciar, ainda, a participação dos atores sociais no próprio processo legislativo desenvolvido pelo Estado, daí resultando as denominadas leis contratadas ou negociadas, tão comuns na Itália. (...)."

O poder normativo dos grupos, quando efetivamente protegido pelo sistema constitucional, é estruturado por meio de uma negociação coletiva arquitetada em um ambiente constitucional composto pela liberdade sindical, pela autonomia e pelo direito pleno de greve.(132) É essa estrutura constitucional que dá e garante voz aos atores sociais na negociação coletiva.

A ideia predominante existente na legislação trabalhista infraconstitucional, na doutrina e na jurisprudência brasileiras, de que existe um conflito normativo aparente entre um acordo coletivo de trabalho e uma convenção coletiva de trabalho simultaneamente válidas e vigentes, repousa nas características históricas de formação do ordenamento jurídico intersindical brasileiro, marcado pela inexistência de uma autonomia privada coletiva plena e ampla e à existência de regras, princípios e institutos edificados para um direito do trabalho tendente a coibir à promoção da autonomia privada

(130) SILVA, Walküre Lopes Ribeiro da. Op. cit., 2012. p. 358.
(131) *Ibid.*, p. 359.
(132) SILVA, Sayonara Grillo Coutinho Leonardo da. Op. cit., 2008. p. 134.

coletiva e a fomentar a heterorregulação das condições de trabalho e a heterocomposição dos conflitos trabalhistas, sobrepondo o ordenamento jurídico estatal sobre o ordenamento jurídico intersindical.

No entanto, a existência e a validade da negociação coletiva democraticamente efetiva estribam-se, no mínimo, em três pressupostos indissociavelmente garantidos: a liberdade sindical; a representação sindical; e a autonomia privada coletiva. São esses três pressupostos que consubstanciam o manejo do conflito coletivo do trabalho pela entidade sindical legitimada a pacificá-lo segundo os múltiplos interesses coletivos que serão traduzidos no diploma coletivo negociado.

Há uma tendência histórica em estruturar o exame do acordo coletivo de trabalho e da convenção coletiva de trabalho a partir do interesse individual atendido em cada um desses diplomas a partir da aplicação de institutos, regras e princípios do direito individual do trabalho, interpretando-se a fonte normativa autônoma a contar de uma eficácia que se presume incidente sobre um interesse coletivo único e indivisível, reduzindo, assim, de uma só vez, a dimensão axiológica, o campo de atuação e a incidência da autonomia privada coletiva.

O histórico normativo da redação do art. 620 da CLT bem representa essa associação hermenêutica de que o interesse coletivo da categoria e, portanto, o exercício da autonomia privada coletiva seria sempre único, o que teria empolgado a construção da Teoria do Conglobamento, assentada precipuamente na concepção de sempre se investigar a norma coletiva mais favorável ao trabalhador, relegando a segundo plano a autonomia privada coletiva e os correspondentes interesses coletivos livremente representados por ela na negociação coletiva.

Vista como poder social de estabelecer relações jurídicas coletivas e, a partir destas, criar normas coletivas, para se pressupor a existência do conflito normativo entre o acordo coletivo de trabalho e a convenção coletiva de trabalho, necessariamente, deve-se admitir a mitigação 'da' e a ingerência 'na': liberdade sindical; representação sindical; e, principalmente, autonomia privada coletiva. Tradicionalmente, o pressuposto do conflito entre o acordo coletivo e a convenção coletiva se dá pelo exame de seus respectivos conteúdos, pelo juízo de validade das correspondentes cláusulas normativas, isto é, do direito subjetivo coletivo e interpessoal posto, e não pelo exame da autonomia privada coletiva, como poder social normativo que precede a criação da norma coletiva.

Para Giusepe Ferrado *apud* Francesca Columbu e Túlio de Oliveira Massoni[133], a história do direito do trabalho é marcada por esse processo

---

(133) COLUMBU, Francesca. MASSONI, Túlio de Oliveira. Op. cit., 2021. p. 315.

gradativo de deslocamento da soberania estatal para a soberania normativa sindical, entretanto, é necessário que se dê mais atenção para a legitimidade e o poder do representante coletivo do que para o conteúdo objeto da negociação coletiva; primeiro, em razão do método democrático da negociação coletiva, e, segundo, porque o princípio da norma mais favorável, no quadro da relação entre as fontes, cuida-se de um valor que pode variar segundo um conjunto de soluções extremamente diversificadas e variáveis, condicionadas, essencialmente, pelo conteúdo normativo que a cada momento se impõe.

Em sentido contrário, Augusto César Leite de Carvalho[134] assinala que é preciso dar mais atenção ao conteúdo da negociação coletiva do que à legitimidade e ao poder de representação coletiva, pois não se afiguraria razoável à luz de uma interpretação constitucional conforme à afirmação de que a outorga isolada de maior poder negocial aos sindicatos os fortaleceria, de modo que a autodeterminação coletiva deve ser orientada e mitigada pelo princípio da norma mais favorável, por ser esta expressão eloquente do princípio da proteção.

Entretanto, tanto na primeira como na segunda corrente doutrinárias, a autonomia privada coletiva não marca apenas o poder de criação normativo em âmbito coletivo; designa ainda o grau de autonomia e liberdade sindicais para estipular o conteúdo da negociação coletiva dentro da esfera de representação sindical. Significa dar mais ou menos voz ao direito de representação sindical e, consequentemente, aos atores sociais coletivos.

A Lei n. 13.467/2017, ao dar nova redação ao art. 620 para estabelecer a regra de que o acordo coletivo de trabalho sempre prevalecerá sobre a convenção coletiva de trabalho, reestruturou o fenômeno da coexistência desses diplomas coletivos a partir de uma aparente ou presumida sobreposição da legitimidade e do poder de representação sindicais conferidos à autonomia privada coletiva sobre o conteúdo da negociação coletiva. Trata-se de um novo episódio de deslocamento da soberania normativa sindical na história brasileira, cuja concepção é trazida e sentida já na parte introdutória da CLT no novo § 3º do art. 8º, ao instituir o princípio da intervenção mínima na autonomia da vontade coletiva e, mais à frente, no *caput* do art. 611-A, ao estatuir a prevalência do coletivamente negociado sobre o legislado.

Guardadas as devidas proporções, diferenças e peculiaridades de cada ramo, o fenômeno se aproxima da figura do exame dos atos administrativos vinculados e dos atos administrativos discricionários, no âmbito do Direito Administrativo. Os interesses coletivos representados no diploma coletivo seriam o mérito da negociação coletiva válida — e tal qual o mérito

---

(134) CARVALHO, Augusto César Leite de. *Direito do trabalho:* curso e discurso. São Paulo: LTr, 2016. p. 85-87.

administrativo — desse modo, estariam, assim, na quadra do juízo de discricionariedade dos grupos intermediários, e não poderiam ser tangenciados pelo Estado, enquanto a forma dos diplomas coletivos — tal qual o ato administrativo vinculado — deve atender à conformidade legislativa, o que, no campo dos diplomas coletivos, estaria nos elementos essenciais do negócio jurídico, estes cujo exame pode ser referendado pelo Estado.

Destaca-se que não é o propósito de investigação e de análise deste estudo averiguar os meios e as formas de controle da legalidade e da constitucionalidade do acordo coletivo de trabalho e da convenção coletiva de trabalho. Esse exame residiria no objeto da negociação coletiva, o que é traduzido e retratado pelas cláusulas normativas. De todo modo, se o objeto do acordo coletivo de trabalho ou da convenção coletiva for ilícito, isto é, ilegal, inconvencional ou inconstitucional, o diploma coletivo não será válido, e, portanto, sendo nulo, não produz efeitos e não há o fenômeno da coexistência simultânea de diplomas coletivos. O exame da coexistência entre a convenção coletiva de trabalho e o acordo coletivo de trabalho se dá, por essa razão, nesta dissertação, a partir da hipótese em que ambos os diplomas coletivos são válidos, isto é, instituídos por agentes capazes, com objeto lícito, possível, determinado ou determinável e atendendo à forma prescrita ou não defesa em lei.

Toda declaração de vontade, individual ou coletiva, só produz o efeito desejado se lícita for a sua causa.(135)

Para Ronaldo Lima dos Santos(136), a autonomia privada coletiva é um poder jurídico atribuído a determinados grupos sociais, de criar normas jurídicas para tutela de interesses de uma coletividade, comunidade ou classe de pessoas, baseada na percepção social da existência de uma lacuna entre a norma geral e a particular, entre a abstração das normas gerais estatais e a excessiva concretude e singularidade das situações particulares, cuja completude ocorrera pela esfera contratual coletiva.

Se a autonomia privada coletiva é um poder — originário ou derivado(137) — reconhecido pelo Estado para legitimar a edição do acordo coletivo de

---

(135) Cf. GOMES, 1973. p. 33, "(...) Os contratos que têm causa contrária a leis de ordem pública e aos bons costumes são nulos. Declarando-os inválidos, o ordenamento jurídico estatui, por esse modo, limitações de ordem geral à *liberdade de contratar*. Em consequência, firma-se o princípio de que toda declaração de vontade produz o efeito desejado, se lícita for sua causa. (...)" (GOMES, Orlando. Op. cit., 1973. p. 33).

(136) SANTOS, Ronaldo Lima dos. Op. cit., 2007. p. 123.

(137) Cf. SILVA, 2012. p. 353, "(...) No Brasil, dado o papel predominante da lei na regulamentação do trabalho, em virtude tanto de sua inserção no sistema romano-germânico como da experiência corporativista, durante longo tempo a doutrina considerou a autonomia privada como poder derivado. (...)" (SILVA, Walküre Lopes Ribeiro. Op. cit., 2012. p. 353).

trabalho e da convenção coletiva do trabalho e, desse modo, o conteúdo das normas coletivas que regerão determinadas condições de trabalho de determinadas coletividades, a redação do art. 620 da CLT pela Lei n. 13.467/2017 indica que o legislador reconhecera que, no âmbito de uma mesma categoria profissional, podem coexistir, pacificamente, diferentes interesses coletivos e distintos conteúdos entre o acordo coletivo de trabalho e a convenção coletiva de trabalho como fontes normativas autônomas, com a mesma natureza jurídica, mas cuja eficácia normativa é restrita a um determinado microssistema jurídico no primeiro, e abrangente a um determinado macrossistema jurídico na segunda.

No estudo das fontes do direito do trabalho realizado no próximo capítulo, propõe-se analisar o posicionamento do acordo coletivo do trabalho e da convenção coletiva do trabalho como fontes normativas.

CAPÍTULO 3

FONTES DO DIREITO DO TRABALHO

3.1. Fontes do direito

A expressão 'fontes do direito', conquanto imprecisa, metafórica e abstrata, suscita um questionamento introdutório elementar ao estudo do Direito. Sua origem, sua organização e seu modo e forma de estabelecer-se são objeto do estudo das fontes do direito.

Mais importante do que questionar a imprecisão semântica da expressão 'fontes do direito' é compreendê-la sob a perspectiva de uma teoria que busca investigar a estrutura do Direito.

Para o Direito Romano, não haveria direito fora do *ius publicum*. O *ius civile* e o *ius privatum*, equivalentes hoje ao direito civil e ao direito trabalhista, eram classificados como direitos extraestatais. Essa concepção inspirara a corrente monista do Direito, em que o sistema legal é determinado pelos órgãos estatais, inexistindo positividade fora do Estado e sem o Estado, e, aos que se opunham a essa ideia, inspirou a corrente pluralista, segundo a qual o Direito não encontraria no Estado sua única fonte, mas sim em um ordenamento jurídico complexo e descentralizado, formado por uma multiplicidade de sistemas jurídicos.(138)

Em um sistema jurídico plural, como o ordenamento jurídico brasileiro, as fontes seriam estruturas de poder de onde emergem as normas que disciplinam os efeitos decorrentes dos fatos e dos atos jurídicos. Essas estruturas seriam o processo legislativo, a jurisdição, os usos e os costumes, e a autonomia privada.(139)

Noberto Bobbio define as fontes do direito como aqueles fatos ou aqueles atos aos quais um determinado ordenamento jurídico atribui a competência ou a capacidade de produzir normas jurídicas. Os fatos prescindiriam de conhecimento e de vontade, relacionando-se à competência, enquanto os atos são inerentes ao comportamento humano, relacionando-se à capacidade. Dentro dessa perspectiva juspositivista, a fonte direta e, portanto, originária,

---

(138) MARTINS, Sérgio Pinto. Op. cit., 2016. p. 33-61.

(139) MARTINEZ, Luciano. *Curso de direito do trabalho*. 12. ed. São Paulo: Saraiva, 2021. p. 70.

seria a lei, como manifestação do poder soberano do Estado, à qual todos os outros fatos e atos capazes de produzir normas são fontes subordinadas, isto é, derivadas, e, desse modo, indiretas, subdivididas em fontes de reconhecimento ou recepção, ou fontes delegadas. A primeira consiste em um fato social que produz regras de conduta, cujo caráter jurídico é posteriormente reconhecido pelo Estado, e a segunda ocorre quando o Estado atribui a outrem, dentro ou fora de sua organização, o poder de estabelecer normas jurídicas.(140)

Uma ordem jurídica só existe quando há amplo consenso sobre quais são as fontes do Direito, isto é, quais são os fatos e os atos capazes de produzir normas jurídicas. A partir dessa premissa, consequentemente, existirá uma identificação comum sobre o Direito. A doutrina das fontes do Direito apresenta, assim, uma função propedêutica ao Direito em geral. Por isso, quem ignora quais são as fontes do Direito brasileiro e quais são as fontes do Direito do Trabalho nada pode saber sobre o primeiro e sobre o segundo.(141)

Para Josep Aguiló Regla, o discurso sobre as fontes do Direito tem se apresentado predominantemente com três enfoques: o explicativo, o justificativo e o sistemático. O primeiro, sob o enfoque social, apresenta o fenômeno jurídico como uma espécie dentro dos fenômenos sociais. O Direito teria origem nas causas sociais. O segundo, com discurso valorativo, justifica o Direito nas causas em que existe um fundamento à obrigação. Aqui o Direito seria uma espécie dos fenômenos sociais e dos fenômenos práticos, especialmente da moral. O Direito teria origem nos princípios, valores e bens existentes que fundamentam uma sociedade. O terceiro, afirma que o Direito tem caráter autônomo. Os fenômenos jurídicos teriam origem na Lei e o Direito seria um tipo de ordem normativa autônoma que se autorregula, contendo, desse modo, normas jurídicas que regulam a produção de outras normas jurídicas. Todas essas teorias aceitam que há causas formais na lei, contudo, discordam sobre o papel das fontes no raciocínio e no método jurídicos.(142)

Sob a perspectiva formal, a ideia de fonte do Direito está relacionada à noção de norma. Nessa perspectiva, a fonte teria função trivalente: confere origem e juridicidade à norma e, ao mesmo tempo, lhe impõe o regime jurídico (constitucional ou infraconstitucional, autônomo ou heterônomo). Independentemente de sua natureza, é a fonte quem outorga à norma um lugar dentro da hierarquia normativa, determinando múltiplas questões: condições

---

(140) BOBBIO, Norberto. *O positivismo jurídico*: lições de filosofia do direito. São Paulo: Ícone, 1995. p. 161-166.

(141) REGLA, Josep Aguiló. *Enciclopedia de Filosofia y Teoria del Derecho*. 1. ed. Universidad Nacional Autónoma de México: México, 2015. p. 1019-1020. Disponível em: <https://biblio.juridicas.unam.mx/bjv/detalle-libro/3796-enciclopedia-de-filosofia-y-teoria-del-derecho-volumen-dos>. Acesso em: 02 nov. 2021.

(142) *Ibid*., 2015.

de validade e de eficácia, critérios de derrogação e critérios de solução de antinomias (norma superior prevalece sobre a inferior, norma posterior prevalece sobre a anterior e norma especial prevalece sobre a geral). A unidade do Direito está, dessa maneira, diretamente relacionada à identificação e à compreensão das suas fontes, pois é a partir delas que se constroem os critérios de certeza, previsibilidade e segurança jurídicas.(143)

A pertinência ou não das normas, a coexistência de normas e sua validade estão diretamente atadas ao problema das fontes normativas que regulam o comportamento dos membros da sociedade e que regulam a própria produção normativa.(144) Daí porque o estudo das fontes do Direito pode ter vários sentidos: de origem, de fundamento de validade das normas jurídicas e da própria exteriorização do Direito.(145)

O exame das fontes do Direito está necessariamente dentro da competência e da distribuição dos poderes normativos de determinado ordenamento jurídico.

Dentro da competência e da distribuição dos poderes normativos, é extraída a noção de coerência do Direito, a qual, segundo Josep Aguiló Regla, se concretiza em três ideias: a primeira, de que a coerência é uma questão de grau, e não de aplicar tudo ou nada sobre uma determinada norma; a segunda, de que a coerência tem a ver com aquilo que nos permite observar o Direito como uma unidade dotada de um sentido protetor e promocional de certos bens e valores; e a terceira, de que a coerência se apresenta como um critério de correção de todas aquelas operações jurídicas que consistem em uma extensão ou numa contração das normas regulatórias.(146)

A análise da coerência do Direito do Trabalho no Brasil se dá em um ordenamento jurídico complexo, formado por várias fontes, hierarquicamente estruturadas, colocadas em planos diferentes, com um valor diferente, maior ou menor, apto a estabelecer um critério de subordinação hierárquica entre elas. Isso significa que os destinatários da norma não têm extrema liberdade para escolher, entre as várias normas existentes, qual seria a aplicável, justamente por existirem critérios prévios que estabelecem qual norma deve ser aplicada.(147)

O reconhecimento de que a convenção coletiva e o acordo coletivo têm natureza jurídica normativa e que o segundo prevalece sobre a primeira passa pela análise das indagações seguintes: qual é a origem da convenção coletiva

---

(143) REGLA, Josep Aguiló. Op. cit., 2015. Acesso em: 02 nov. 2021.
(144) BOBBIO, Norberto. Op. cit., 1995. p. 161-162.
(145) MARTINS, Sérgio Pinto. Op. cit., 2008. p. 36.
(146) REGLA, Josep Aguiló. op. cit., 2015. Acesso em: 02 nov. 2021.
(147) BOBBIO, Norberto. Op. cit., 1995. p.162-163.

e do acordo coletivo? O que confere juridicidade à convenção coletiva e ao acordo coletivo? Qual seria o regime jurídico atribuído à convenção coletiva e ao acordo coletivo? Por que, a partir da Lei n. 13.467/2017, o acordo coletivo prevalece sobre convenção coletiva pela nova regra do art. 620 da CLT?

A tentativa de responder às sobreditas indagações passa pelo necessário estudo das fontes do Direito e, em especial, das fontes do Direito do Trabalho no Brasil, concebido em um ordenamento jurídico composto pela plurinormatividade e, corolariamente, pela multiplicidade de fontes formais.

3.2. Classificação

3.2.1. Fontes materiais e formais

Na Consolidação das Leis do Trabalho, encontram-se, nos arts. 8º e 444, os indicativos de que a lei, os princípios gerais do direito do trabalho, o direito comparado, o costume, o direito comum, as súmulas, os enunciados de jurisprudência, o acordo coletivo, a convenção coletiva e o contrato de trabalho constituem as fontes principais desse ramo do direito.

Não há, na CLT, menção sobre o que seriam fontes materiais e formais do direito do trabalho.

As fontes materiais são costumeiramente definidas como aqueles fatos científicos, políticos, econômicos, filosóficos, religiosos e sociais que desencadearam o processo de criação ou de modificação da norma jurídica, isto é, das regras e dos princípios jurídicos.

Sérgio Pinto Martins identifica as fontes materiais como o complexo de fatores que ocasionam o surgimento de normas, envolvendo fatos e valores.[148] Mauricio Godinho Delgado as divide em blocos de fatores que construíram e modificaram o fenômeno jurídico: econômicos, sociológicos, políticos e filosóficos.[149] Guilherme Guimarães Feliciano as define como elementos ônticos que estão na base da elaboração da norma jurídica — a origem primária do fenômeno jurídico tridimensional (fato, valor e norma).[150]

O Clima, a Religião, a Fome, a Miséria, a Riqueza, o Comércio, a Revolução Francesa, a Revolução Industrial, o Monarquismo, o Republicanismo, o Tratado de Versalhes, a Democracia, o Liberalismo, o Individualismo, o

---

(148) MARTINS, Sérgio Pinto. Op. cit., 2008. p. 36.
(149) DELGADO, Mauricio Godinho. Op. cit., 2015. p. 140-142.
(150) FELICIANO, Guilherme Guimarães. *Curso de direito do trabalho*: teoria geral do direito do trabalho. São Paulo: 2013. p. 157.

Socialismo, o Fordismo, o Taylorismo, o Coletivismo, o Comunismo, o Solidarismo, o Cooperativismo, o Capitalismo, o Anarquismo, o Naturalismo e o Positivismo são alguns dos muitos exemplos das infinitas fontes materiais do Direito do Trabalho.

Ronaldo Lima dos Santos observa que a diversidade das fontes materiais é diretamente proporcional ao maior ou menor grau de complexidade da realidade social em que se assenta um determinado ordenamento jurídico.[151] Quanto mais complexa for uma realidade social, maior será a diversidade de fenômenos que transportarão conteúdo para a criação de regras e de princípios jurídicos.

Enquanto as fontes materiais são aqueles fatos ou atos que dão conteúdo à criação de normas jurídicas concebidas em uma determinada realidade social de um determinado tempo, as fontes formais, por sua vez, dão forma normativa às fontes materiais, instrumentalizando-as e traduzindo-as em regras e em princípios reconhecidos por um determinado ordenamento jurídico.

Segundo Mauricio Godinho Delgado, as fontes formais são os meios de revelação e transparência da norma jurídica, isto é, os mecanismos exteriores e estilizados pelos quais as normas ingressam, instauram-se e cristalizam-se na ordem jurídica.[152] Dito de outro modo, as fontes formais são os meios ou as formas pelas quais o direito positivo pode ser conhecido.[153]

O art. 8º, *caput*, da Consolidação das Leis do Trabalho dispõe que, na falta de disposições legais ou contratuais, o Direito do Trabalho orienta-se pela jurisprudência, analogia, equidade, princípios e normas gerais de direito, usos e costumes, e o direito comparado. O § 1º do referido artigo ainda estatui que o direito comum será fonte subsidiária do direito do trabalho. Todavia, conquanto o dispositivo celetista tencione a indicar exemplos de fontes do Direito do Trabalho, para alguns doutrinadores, a analogia, a doutrina e a jurisprudência seriam apenas métodos de integração jurídica, e não propriamente fontes formais.

Em sentindo amplo, as fontes formais do direito seriam legislativas (constituição, emendas à constituição, leis complementares, leis ordinárias, leis delegadas, medidas provisórias, decretos legislativos e resoluções), consuetudinárias (costumes), jurisprudenciais (atividade jurisdicional típica), convencionais (tratados internacionais, acordos coletivos de trabalho e convenções coletivas de trabalho) e doutrinárias (reflexões dos juristas sobre o direito interno e o direito internacional).[154]

---

(151) SANTOS, Ronaldo Lima dos. Op. cit., p. 91.
(152) DELGADO, Mauricio Godinho. Op. cit., 2015. p. 142.
(153) GUSMÃO, Paulo Dourado de. Op. cit., 2003. p. 104.
(154) *Ibid.*, p. 104-105.

Sérgio Pinto Martins discorda de que a jurisprudência e a doutrina sejam consideradas fontes formais do direito, vez que ambas não seriam obrigatórias e indicam apenas um caminho de aplicação da lei.(155)

Observa Ronaldo Lima dos Santos que, para driblar a controvérsia em torno da natureza da jurisprudência e da doutrina como fontes formais do direito, construiu-se a distinção entre fontes formais mediatas e imediatas, cujo traço distintivo é a capacidade direta ou indireta de geração da norma jurídica. A doutrina e jurisprudência seriam classificadas como fontes formais mediatas.(156)

Atualmente, a atividade jurisdicional voltada à unidade e à estabilidade da interpretação do Direito reúne diversos atos jurisdicionais predicados de eficácia obrigatória, tal como ocorre nas decisões proferidas em dissídios coletivos de natureza econômica, pelos Tribunais Regionais e pelo Tribunal Superior do Trabalho; nas decisões proferidas no microssistema de litigiosidade repetitiva, no âmbito dos tribunais; e nas decisões em controle concentrado de constitucionalidade e na edição de súmulas vinculantes, ambas pelo Supremo Tribunal Federal. Todas essas atividades jurisdicionais se enquadram na categoria de fontes formais imediatas do direito, diante da capacidade direta de produzir verdadeiras normas jurídicas.

Em linhas gerais, no Direito do Trabalho, as principais fontes formais são os acordos coletivos de trabalho, as convenções coletivas de trabalho, a constituição, as emendas à constituição, as leis complementares, as leis ordinárias, as leis delegadas, as medidas provisórias, os decretos legislativos, as resoluções, a sentença normativa, o laudo arbitral, o regulamento de empresa, o contrato individual de trabalho, os usos e costumes, a jurisprudência, os princípios jurídicos, as normas da Organização Internacional do Trabalho, tratados e atos internacionais, doutrinas nacional e estrangeira.(157)

O acordo coletivo de trabalho e a convenção coletiva do trabalho são fontes formais do Direito do Trabalho. Em termos especiais, valendo-se da classificação de Norberto Bobbio(158), pode-se caracterizar que o acordo coletivo de trabalho e a convenção coletiva do trabalho são fontes formais de reconhecimento ou recepção, haja vista que o poder de contratação coletiva não foi delegado previamente pelo poder estatal, este apenas reconhecera sua juridicidade a partir da prática social e do desenvolvimento pragmático da autonomia privada coletiva.

---

(155) MARTINS, Sérgio Pinto. Op. cit., 2008. p. 37-38.
(156) SANTOS, Ronaldo Lima dos. Op. cit., 2007. p. 91.
(157) *Ibid.*, p. 91-92.
(158) BOBBIO, Norberto. Op. cit., 1995. p. 161-166.

3.2.2. *Fontes autônomas e heterônomas*

O reconhecimento de que o Direito do Trabalho é composto pela diversidade de fontes normativas, ora de origem estatalista, ora de origem convencionada, reforça não só a característica de um direito traçado pela plurinormatividade, mas de um direito com espaços de contenção absoluta da autonomia privada, individual e coletiva, para salvaguardar o interesse público, com espaços de permissividade, criatividade e protagonismo regulatórios exteriorizados pelo interesse coletivo e com espaços para a reprodução de uma ordem jurídico-social-trabalhista básica uniforme, ao condicionar exercício do interesse individual.

Esses distintos espaços são conjugados e equilibrados por diferentes centros de positividade normativa. Existem espaços com maior grau de descentralização e de participação dos atores sociais da relação individual e coletiva do trabalho, assim como espaços com maior centralização normativa estatal.

O exame da tipologia entre as fontes heterônomas e as fontes autônomas, assinala Mauricio Godinho Delgado, constrói-se a partir de dois critérios: a origem da norma (centro de positivação) e o método de sua produção (com ou sem a participação de seus destinatários principais).[159]

As fontes heterônomas seriam as normas em que o legislador e o executor não se identificam, não sendo elaboradas diretamente pelos sujeitos que deverão observá-las, provenientes de uma vontade que lhes é alheia e que se coloca em um patamar superior. As fontes autônomas seriam as normas em que há identificação entre o legislador e o executor, sendo produzidas com a participação dos próprios sujeitos interessados, pelo exercício da autonomia privada individual ou coletiva dos particulares.[160]

Desse modo, quando a origem é imposta pelo agente externo, a fonte é heterônoma, como exemplo, a constituição, as leis e a sentença normativa. Quando elaboradas por um ou todos os interessados, a fonte é definida como autônoma, exemplificativamente, o costume, a convenção coletiva do trabalho, o acordo coletivo de trabalho, o regulamento de empresa e o contrato de emprego.[161]

O acordo coletivo do trabalho e a convenção coletiva de trabalho são fontes normativas autônomas bilaterais do Direito do Trabalho.

---

(159) DELGADO, Mauricio Godinho. Op. cit., 2015. p. 144.
(160) SANTOS, Ronaldo Lima dos. Op. cit., 2007. p. 95.
(161) MARTINS, Sérgio Pinto. Op. cit., 2008. p. 37.

3.2.3. *Fontes estatais e não estatais*

As fontes formais do direito costumam ser divididas em estatais e não estatais. A primeira, seria a fonte primária e depende de atividade legislativa; enquanto a segunda, seria fonte secundária e não decorre de atividade legiferante.

Inúmeras classificações doutrinárias são trazidas às fontes estatais e não estatais. Essas classificações são estruturadas a partir da origem da norma jurídica, identificando a produção normativa pelo Estado, por órgãos que compõem o Estado ou por pessoas naturais, pessoas jurídicas ou entidades que não compõem o Estado.(162)

São classificadas como fontes estatais do direito aquelas cuja criação normativa é oriunda do poder soberano do Estado: leis, medidas provisórias, sentença normativa, decretos; e como fontes não estatais do direito aquelas normas produzidas fora do Estado, tais como o costume, os contratos individuais e coletivos e os regulamentos de empresa.

A doutrina(163) ainda costuma trazer outras classificações. Fontes infraestatais são definidas como aquelas em que o Estado reconhece sua nomogênese, citando-se como exemplo o costume, os acordos coletivos de trabalho, as convenções coletivas de trabalho, a jurisprudência e a doutrina. Fontes supraestatais são aquelas cuja nomogênese é oriunda de dois ou mais Estados soberanos: tratados internacionais e costumes internacionais, e princípios gerais do direito internacional. Fonte interna, como sendo a originariamente nascida na circunscrição territorial do Estado. E fonte externa, aquela em que a gênese da norma jurídica ocorre além do âmbito territorial do Estado, com ou sem a participação deste.

Antônio Ferreira Cesarino Júnior sugere que as fontes internas do direito do trabalho são a Constituição, a Consolidação das Leis do Trabalho, as leis civis e comerciais, as sentenças normativas e o regulamento de empresa.(164) Para Ronaldo Lima dos Santos, as fontes externas do direito do trabalho seriam as normas provenientes dos organismos internacionais, de natureza pública ou privada, como as normas da Organização Internacional do Trabalho, os tratados internacionais, as declarações de direito, o costume internacional, a doutrina estrangeira, o direito comparado e a jurisprudência internacional.(165)

---

(162) SANTOS, Ronaldo Lima dos. Op. cit., 2007. p. 96.

(163) Cf. GUSMÃO, Paulo Dourado de. Op. cit., 2003. p. 104; e SANTOS, Ronaldo Lima dos. Op. cit., 2007. p. 97-99.

(164) JUNIOR, Antônio Ferreira Cesarino. Op. cit., 1970. p. 17-19.

(165) SANTOS, Ronaldo Lima dos. Op. cit., 2007. p. 98.

Em meio a essa multiplicidade de fontes, para Sérgio Pinto Martins, no âmbito do Direito do Trabalho, o Estado deveria assegurar um direito mínimo e inderrogável, estabelecendo a negociação coletiva os demais direitos.[166] O citado doutrinador, assim como tantos outros, prestigia o papel constitucional da fonte não estatal coletiva no desenvolvimento do Direito do Trabalho.

É interessante notar que essa preponderância da autonomia privada coletiva, no processo de desenvolvimento do Direito do Trabalho, coaduna-se com os principais valores e princípios de uma ordem democrática. A relação coletiva de trabalho é o ambiente propício para o conflito, o diálogo e o consenso entre a livre-iniciativa e o valor social do trabalho.

No Brasil, o papel da fonte estatal e da fonte não estatal coletiva é tamanho que a Constituição de 1988 assentara a posição de cada uma e as suas diferenças. O art. 22, inciso I, da CF/1988, estabelece a competência privativa da União para legislar sobre o direito do trabalho, e o Parágrafo único do referido artigo autoriza que lei complementar poderá autorizar os Estados a legislarem sobre questões específicas a respeito do direito do trabalho. Isoladamente, esse dispositivo constitucional indica que a fonte estatal do direito do trabalho brasileiro é a União, remetendo à lógica de um direito de caráter nacional uniforme.

Seria, assim, da União, a competência para traduzir o conteúdo das fontes materiais e para criar o direito do trabalhista legislado, de cunho heterônomo e cuja participação democrática, no processo criativo da norma, seria apenas indireto. Não é o que parece querer, todavia, a Constituição de 1988, ao examiná-la sistematicamente. Essa tradução, de que o transporte de conteúdo produzido nas relações sociais, políticas e econômicas, para criação de normas trabalhistas, seria protagonizado pelo Estado é incompatível com o próprio processo social e histórico de origem e de desenvolvimento do direito do trabalho, o qual surge essencialmente do conflito pragmático entre o capital e o trabalho.

Por isso, nesse estudo, adota-se a interpretação de que esse direito trabalhista oriundo da fonte estatal deve ser mínimo, apenas para assegurar a observância aos direitos individuais e sociais fundamentais trabalhistas. E, desse modo, há espaços para que um acordo coletivo de trabalho e uma convenção coletiva de trabalho, desde que respeitado esse padrão normativo heterônomo básico, atendam a distintos interesses coletivos de uma mesma categoria numa mesma base territorial, criando normas jurídicas ou estatutos jurídicos coletivos desiguais, distintos ou desuniformes.

---

(166) MARTINS, Sérgio Pinto. Op. cit., 2008. p. 33-61.

A competência legiferante privativa tratada no inciso I do art. 22 da Constituição de 1988 é uma barreira constitucional voltada a conter o excesso de normas trabalhistas estatalistas, a estruturar um direito do trabalho nacional mínimo e a garantir o protagonismo do processo social coletivo de normatização mediante negociação coletiva. É significativa a contenção constitucional para que os Estados, os Municípios e o Distrito Federal não possam legislar sobre direito do trabalho. E é do mesmo modo significativa a regionalidade do direito do trabalho conferida à negociação coletiva pela Constituição de 1988.

O propósito da fonte estatal do direito do trabalho é o de estabelecer, em caráter nacional, a contenção do interesse individual e do interesse coletivo no espaço onde prevalece a supremacia do interesse público e, ao mesmo tempo, o de firmar um padrão regulatório no exercício do interesse individual, em razão da histórica desigualdade econômica entre os pactuantes de grande parte dos contratos de trabalho, em especial no contrato de emprego. Essa engrenagem constitucional indica que a criação e a transformação normativa no direito do trabalho devem ser dadas pelo interesse coletivo.

No âmbito da fonte não estatal coletiva — isto é, naquele espaço de criação normativa por meio dos acordos coletivos e da convenção coletiva de trabalho —, disciplinada nos arts. 7º e 8º da CF/1988, abre-se um leque infinito de possibilidades de universos jurídicos, cada qual com uma ordem jurídica trabalhista que não é dotada de caráter nacional ou de uniformidade, em que se admite um direito do trabalho dialógico, democrático, próprio de determinadas regiões, de determinadas profissões ou de determinados interesses coletivos. A uniformidade ou não do direito do trabalho coletivamente negociado passa a ser uma prerrogativa da autonomia privada coletiva.

A Lei n. 13.467/2017 estatuiu, no art. 611-A da CLT, a regra de que a convenção coletiva e o acordo coletivo de trabalho têm prevalência sobre a lei quando dispuserem sobre determinadas matérias. Não se trata apenas de uma regra hermenêutica ou de uma regra sobre hierarquia de fontes, mas de uma regra que traduz, no plano infraconstitucional, o diálogo entre os arts. 7º e 8º com o art. 22, inciso I, da CF/1988.

Independentemente da crítica sobre o rol de matérias elencadas nos incisos do art. 611-A da CLT — ou se o rol seria taxativo ou exemplificativo —, o que não é objeto deste estudo, trata-se de uma regra que, bem ou mal, reconhece o protagonismo da autonomia privada coletiva, da liberdade sindical, da negociação coletiva e do interesse coletivo em determinados espaços, para a criação, para o desenvolvimento e para a transformação do direito do trabalho.

A característica da pluralidade de fontes do direito trabalhista brasileiro é fundamental para o exame adequado de sua harmonia e para o estudo da hierarquia das fontes do direito do trabalho.

Conclui-se que o acordo coletivo e a convenção coletiva se desvelam como fontes não estatais coletivas. São mecanismos de tradução direta das fontes materiais do trabalho pelos próprios atores sociais e de transmutação em normas coletivas.

3.3. Hierarquia das fontes do direto do trabalho

Mauricio Godinho Delgado observa que a produção normativa autônoma não pode ser contraditória ao núcleo essencial do Direito do Trabalho e que a harmonização desse ramo é orientada pelos princípios trabalhistas e pelo princípio de hierarquização das normas jurídicas em vigor.(167)

Tradicionalmente, a hierarquia entre normas remonta à ideia de hierarquia entre fontes. Uma norma ou uma fonte seria hierarquicamente superior à outra a partir do maior ou menor grau do fundamento de validade de cada uma. Quando uma regra encontra seu fundamento de validade em outra regra há uma relação de escalonamento entre elas.

A hierarquia normativa pode ser classificada, ainda, segundo a maior ou menor extensão de eficácia ou a maior intensidade criadora do Direito de uma determinada fonte normativa.(168)

No art. 59 da Constituição de 1988, encontram-se descritas as principais fontes formais heterônomas existentes no ordenamento jurídico brasileiro: emendas à Constituição; leis complementares; leis ordinárias; leis delegadas; medidas provisórias; decretos legislativos; e resoluções. Especificamente no direito do trabalho, acrescenta a mesma Constituição a existência de fontes formais autônomas, tratadas no inciso XXVI do art. 7º.

A Constituição Federal e as emendas constitucionais são normas hierarquicamente superiores a todas as demais normas. Todas as normas decorrem da fonte constitucional e nela encontram seu fundamento formal e material de validade.

Para diversos doutrinadores, não existe hierarquia entre lei complementar, lei ordinária, lei delegada e medida provisória, ao passo que todas elas encontram seu fundamento de validade na Constituição e a diferença seria que cada uma tem campo, pertinência temática ou função próprias, segundo os ditames formais e materiais constitucionais.(169) A relação entre elas seria de igualdade e cada norma teria sua pertinência formal e material, sem que exista uma relação de supremacia ou superioridade.

---

(167) DELGADO, Mauricio Godinho. Op. cit., 2015. p. 145.
(168) *Ibid.*, p. 1487.
(169) Cf. MARTINS, Sérgio Pinto. Op. cit., 2008. p. 43-4; SANTOS, Ronaldo Lima dos. Op. cit., 2007. p. 251.

Em sentido contrário, Paulo Dourado de Gusmão sustenta que a Lei Complementar é hierarquicamente superior às outras leis, concluindo que, no ordenamento jurídico brasileiro, a hierarquia das fontes formais seria estabelecida na seguinte ordem decrescente: Constituição; emendas constitucionais; leis complementares; leis ordinárias, tratados internacionais incorporados ao direito interno e contratos coletivos de trabalho; costume; regulamentos; e princípios gerais do direito, no caso de lacuna. Entre as leis, as federais predominam sobre as estaduais e estas, sobre as municipais. Nesse escalonamento, a norma superior determina a validade, a legalidade, a eficácia e a aplicabilidade das normas inferiores, bem como delimita o alcance e os efeitos jurídicos das mesmas.[(170)]

Os decretos, as resoluções, as portarias, as circulares e os demais atos normativos têm natureza meramente regulamentadora, encontrando fundamento de validade formal e material na Constituição e nas leis, sendo assim inferiores e subordinados a estas.

Entre as fontes formais do direito, pode existir uma relação de superioridade de umas (Constituição e emendas constitucionais), de subordinação de outras (decretos, portarias, costume, doutrina e jurisprudência) e de igualdade e coordenação de algumas (leis complementares, leis ordinárias, leis delegadas e acordos coletivos, e convenções coletivas).

Para Paulo Dourado de Gusmão, o contrato coletivo de trabalho seria fonte de direito equiparado à lei ordinária, cujo conteúdo encontraria limites apenas nas normas de ordem pública.[(171)] Guilherme Guimarães Feliciano classifica as leis em sentido formal e as leis, em sentido material. As primeiras, emanadas pelo órgão estatal com competência legislativa, seriam a lei constitucional, a lei complementar, a lei ordinária e a lei delegada. As segundas, os atos jurídicos dotados de caráter imperativo, geral e abstrato, seriam as medidas provisórias, os decretos, as convenções coletivas e os acordos coletivos[(172)].

Neste estudo, adota-se a proposição de que não há hierarquia formal entre a lei complementar, a lei ordinária, a lei delegada, a medida provisória, o acordo coletivo e a convenção coletiva de trabalho, pois estes dois últimos não encontram fundamento de validade em leis infraconstitucionais e todos encontram fundamento de validade na Constituição Federal.

Distingue-se o fundamento de validade do acordo coletivo do trabalho e da convenção coletiva do trabalho dos fundamentos de validade das cláusulas normativas por estes estatuídas, as quais encontram fundamento de validade nas normas constitucionais e nas normas infraconstitucionais. Em

(170) GUSMÃO, Paulo Dourado de. Op. cit., 2003. p. 105-107.
(171) *Ibid.*, p. 159-161.
(172) FELICIANO, Guilherme Guimarães. Op. cit., 2013. p. 157-161 e 169-176.

razão de determinados interesses públicos, as leis podem delimitar quais matérias estão autorizadas a serem tratadas no acordo coletivo do trabalho e na convenção coletiva de trabalho, assim como, em função de outros interesses públicos, as leis podem estipular limites ao próprio Estado sobre a negociação coletiva.

Ocorre que, para além do exame da hierarquia formal entre as fontes formais, no direito do trabalho, essa hierarquia é considerada dinâmica, pressupondo uma análise da hierarquia da norma sobre a perspectiva material, isto é, a partir de sua substância e finalidade.

A questão da hierarquia, no direito do trabalho, observa Amauri Mascaro Nascimento, tem aspectos próprios de organização e de ação, os quais são distintos do direito comum e, por essa razão, no ramo justrabalhista, o correto não seria falar em hierarquia de leis, mas em hierarquia de normas jurídicas, justamente porque esta última seria mais abrangente, compreendendo todos os tipos de normas (estatais e não estatais), razão pela qual, quando existirem duas ou mais normas dispondo sobre o mesmo tema, uma não derroga a outra, porque ambas continuam a sua vigência.(173)

Ronaldo Lima Santos observa que cada ramo do ordenamento jurídico possui disciplina específica sobre suas fontes, cada qual apresentado dinâmicas próprias e distintas, conforme os princípios e regras que regem cada ramo do saber jurídico, o que justifica prevalecer, no direito comum, a hierarquia estática e, no Direito do Trabalho, preponderar uma hierarquia dinâmica, mais adequada aos objetivos, às regras e aos princípios desse ramo.(174)

Para Mauricio Godinho Delgado, a hierarquia normativa se apresenta com critérios próprios no Direito do Trabalho: não se deve falar em hierarquia de diplomas normativos, mas em hierarquia de regras jurídicas (heterônomas e autônomas), pois a escolha da norma jurídica resulta da composição de diversas fontes; a pirâmide hierárquica normativa justrabalhista não é rígida e inflexível, como no Direito Comum, mas plástica e variável; e, por fim, a hierarquia normativa é direcionada pelo princípio da norma mais favorável ao trabalhador, o que atende ao caráter teleológico do Direito do Trabalho.(175)

A interpretação doutrinária e jurisprudencial predominante é a de que o *caput* do art. 7º da CF/88, ao estatuir o princípio da norma mais favorável, sujeitou a hierarquia das fontes formais do direito do trabalho a um necessário dinamismo; uma vez diferentemente de outros ramos do direito, o fundamento de validade para definir o escalonamento das normas trabalhistas,

---

(173) NASCIMENTO, Amauri Mascaro. Op. cit., 2015. p. 518-519.
(174) SANTOS, Ronaldo Lima dos. Op. cit., 2007. p. 250.
(175) DELGADO, Mauricio Godinho. Op. cit., 2008. p. 1489.

no direito individual e no direito coletivo do trabalho, seria a 'norma mais favorável'. Esse princípio superaria as hipóteses tradicionais para solução do conflito entre normas: hierarquia, especialidade e temporalidade.

Entretanto, neste estudo, adota-se a interpretação de que o princípio da norma mais favorável não é ilimitado. Ele está associado à própria estrutura normativa heterônoma do Direito do Trabalho, que, ao estatuir regras gerais mínimas, autoriza, desde que respeitada a competência formal e material correspondente, que toda e qualquer norma estabelecedora de uma condição de trabalho melhor prevaleça, independentemente de hierarquia. A função do princípio da norma mais favorável caracteriza o dinamismo desse ramo em relação à intercambialidade das fontes no ramo justrabalhista, mas isso só ocorre porque a própria estrutura normativa do Direito do Trabalho assim o permite em determinados casos.

Isso significa, por exemplo, que o acordo coletivo de trabalho não será uma fonte de direito formal hierarquicamente superior à Constituição, ao estatuir um adicional de horas extras de 80%, enquanto aquela prevê o adicional de 50%. Nessa hipótese, não há contradição entre as normas ou conflito entre a norma constitucional e a norma coletiva, pois a Constituição Federal autoriza — e não proíbe — o trato da matéria pela negociação coletiva.

Por outro lado, conquanto o princípio da norma mais favorável dê dinamismo ao critério da hierarquia no Direito do Trabalho, subordina-se e coordena-se aos outros critérios tradicionais para solução de conflitos entre normas, segundo os quais a norma especial prevalece sobre a geral, e norma posterior prevalece sobre anterior.

Se contrário fosse, não haveria conflito intertemporal de normas no Direito do Trabalho, prevalecendo sempre a norma mais favorável. De igual modo, toda e qualquer norma geral mais benéfica prevaleceria sobre uma norma específica menos benéfica, aplicada a uma determinada classe ou categoria de profissões; e toda norma específica mais benéfica de uma profissão seria estendida a todos os outros trabalhadores de outras profissões.

Em sentido contrário, Ronaldo Lima dos Santos assinala que a hierarquia dinâmica permite que, no caso concreto, seja aplicada a norma que melhor concretize os objetivos e os princípios máximos do ordenamento jurídico, mesmo que em prejuízo aos critérios da *lex superior*, *lex posterior* e *lex speciallis*.[176]

A este estudo, interessa o exame da 'hierarquia normativa' entre o acordo coletivo de trabalho e a convenção coletiva de trabalho.

---

(176) SANTOS, Ronaldo Lima dos. Op. cit., 2007. p. 251.

3.3.1. *A hierarquia entre instrumentos normativos negociados e as teorias da acumulação e do conglobamento*

O acordo coletivo e a convenção coletiva encontram o mesmo fundamento de validade, atualmente, no inciso XXVI do art. 7º da Constituição de 1988. A Constituição estabelece, no referido dispositivo, um direito social fundamental ao reconhecimento das convenções e aos acordos coletivos de trabalho, colocando ambos em paridade hierárquica, como fontes normativas autônomas equivalentes com a mesma natureza jurídica.

Anteriormente à Lei n. 13.467/2017, inspirada em sucessivas regras do art. 620 da CLT e nos princípios da proteção e da norma mais favorável, a doutrina e a jurisprudência, ainda hoje predominantes, presumiam uma relação de conflituosidade entre o acordo coletivo de trabalho e a convenção coletiva de trabalho, simultaneamente válidas, vigentes e aplicadas a uma mesma categoria profissional.

A ideia de que o direito do trabalho está assentado em um princípio protetor, no entanto, é criticada por Arion Sayão Romita. Para esse doutrinador, o direito do trabalho assenta-se nos princípios da liberdade do trabalho e da democracia. Partindo do pressuposto de que um princípio jurídico é uma proposição ou diretriz geral que conforma o fundamento do direito, inspira o legislador na edição da norma e o intérprete em sua aplicação, o 'princípio da proteção' não protege; quando muito, induz, inspira e fundamenta a proteção. Em complemento, adiciona Arion Sayão Romita que não constitui função de qualquer ramo do direito proteger algum dos sujeitos de dada relação social, mas unicamente regular a relação em busca da realização do ideal de justiça, afirmando, assim, que não é função do direito do trabalho proteger o empregado, e sim regular a relação de trabalho mediante previsão de garantias que compensem a inicial desigualdade social e econômica entre os sujeitos da relação.(177)

Em sentido oposto, afirma Mauricio Godinho Delgado que o direito do trabalho se estrutura historicamente, cientificamente e juridicamente no princípio da proteção, destinado a proteger a parte hipossuficiente na relação empregatícia — o empregado —, princípio esse que, segundo o uruguaio Américo Plá Rodriguez, se manifestaria em três dimensões distintas: o princípio *in dubio pro operário*, o princípio da norma mais favorável e o princípio da condição mais benéfica.(178)

---

(177) ROMITA, Arion Sayão. *Direito do trabalho coletivo administrativo, ambiental e internacional.* In: DELGADO, Mauricio Godinho; DELGADO, Gabriela Neves (Orgs.). *Princípios em conflito:* autonomia privada coletiva e norma mais favorável. O negociado sobre o legislado. v. 3 (Coleção doutrina essenciais), p. 67-83, São Paulo: RT, 2012. p. 67-70.
(178) DELGADO, Mauricio Godinho. Op. cit., 2015. p. 201-202.

A partir do princípio da proteção, em especial na dimensão do princípio da norma mais favorável, supõe-se a presunção de um estado de conflituosidade normativa entre o acordo coletivo do trabalho e a convenção coletiva do trabalho, para desenvolver as teorias da acumulação e do conglobamento. A primeira propõe a seleção, a análise e a classificação das normas em comparação, pinçando destas os preceitos e institutos singulares de cada uma que desvelem o sentido mais favorável ao trabalhador.(179) A segunda, originária no direito italiano, propõe que, na escolha de normas em estado de conflituosidade a serem aplicadas ao contrato individual de trabalho, o critério de solução do conflito é o princípio da norma mais favorável aplicado em seu conjunto, abrangendo o instrumento como um todo ou por instituto, a depender da natureza jurídica das normas em disputa.(180)

A teoria da acumulação é criticada pela incompatibilidade de sua proposta com a noção de Direito como sistema e por dar amplo espaço de subjetividade para que o intérprete apresente fórmulas jurídicas aplicadas singularmente em cada caso concreto.(181) E, de fato, analisando-se o método de cada uma, infere-se que a teoria do conglobamento mantém a unidade de uma determinada fonte normativa, aplicando-a em seu todo, limitando a operação do intérprete e chancelando o Direito como sistema coerente de regimes jurídicos, enquanto a teoria da acumulação extrai, isoladamente, de duas ou mais fontes, as normas mais favoráveis sem qualquer compromisso com a unidade da fonte normativa.

No Brasil, ao tempo deste estudo, a doutrina e a jurisprudência trabalhistas predominantes adotam a teoria do conglobamento para solução de normas trabalhistas em estado de conflituosidade. Entretanto, mesmo a teoria do conglobamento seria subdividida em teoria do conglobamento puro e teoria do conglobamento limitado, mitigado ou por instituto. Essa divisão pretende resguardar, na aplicação da técnica hermenêutica, a pertinência temática do estado de conflituosidade normativa.

Na teoria do conglobamento puro, a averiguação da condição mais benéfica é utilizada no instrumento como um todo, ao passo que, na teoria do conglobamento limitado, a análise é feita por instituto.(182)

Mauricio Godinho Delgado assinala que a análise do conjunto normativo mais favorável deve ser considerada no mesmo universo temático, isto é, em função da matéria tratada, respeitando-se cada regime normativo em sua

(179) DELGADO, Mauricio Godinho. Op. cit., 2015. p. 1490.
(180) LONGHI, Dânia Fiorin. *Teoria do conglobamento:* conflito de normas no contrato de trabalho. São Paulo: LTr, 2009. p. 93.
(181) DELGADO, Mauricio Godinho. Op. cit., 2015. p. 1490.
(182) LONGHI, Dânia Fiorin. Op. cit., 2009. p. 93.

unidade inteira e global[183], indicando assim filiar-se à teoria do conglobamento limitado. Esta teoria foi positivada pela Lei n. 7.064/1982, responsável por disciplinar as regras do trabalhador contratado ou transferido para trabalhar no exterior, ao estatuir, no inciso II do art. 3º, que a legislação brasileira de proteção ao trabalho, quando mais favorável, será aplicada sobre a legislação do exterior, observado o conjunto de normas e a relação a cada matéria.

Para Dânia Fiorin Longhi, quando o conflito entre fontes heterônomas ocorre dentro de um sistema estático, a melhor técnica hermenêutica para a solução do conflito é a adoção da teoria do conglobamento limitado, em razão de que a análise será sistemática.[184]

No conflito normativo entre o acordo coletivo e a convenção coletiva, o estado de conflituosidade ocorre a partir de duas fontes autônomas, cujas normas foram criadas voluntariamente pelos atores sociais legitimados a partir de uma concessão mútua entre as partes, em que cada cláusula normativa representa o elo de todo o conjunto normativo que, em sua unidade, representa o diploma coletivo negociado. Dentro dessa perspectiva, Dânia Fiorin Longhi conclui que não há como fragmentar o diploma coletivo negociado e, por esse motivo, a teoria do conglobamento puro seria a mais adequada para observar o conteúdo intencional da negociação coletiva.[185]

Para se admitir o conflito entre fontes autônomas, no entanto, aquele decorreria da vontade das partes, isto é, da autonomia privada coletiva entre os entes legitimados à negociação coletiva e à edição do acordo coletivo e da convenção coletiva. A análise do estado de conflituosidade normativa entre estes instrumentos normativos repousa na formação e no conteúdo, e, desse modo, no próprio mérito e na própria liberdade da negociação coletiva.

Segundo Arion Sayão Romita, inexiste conflito entre autonomia privada coletiva e o princípio da norma mais favorável, tendo em vista que aquela pressupõe o regime de liberdades públicas e se assenta sobre o princípio da democracia.[186]

Neste estudo, propõe-se que o princípio da norma mais favorável não tem a finalidade de direcionar a autonomia privada coletiva e estabelecer um dinamismo na aplicação do acordo coletivo e da convenção coletiva. Ao contrário, o princípio da autonomia privada coletiva tem, em uma de suas várias dimensões, a finalidade de conter o âmbito de extensão e de eficácia do princípio da norma mais favorável. Isso porque aquele precede a edição

---

(183) DELGADO, Mauricio Godinho. Op. cit., 2015. p. 1490 - 1491.
(184) LONGHI, Dânia Fiorin. Op. cit., 2009. p. 99.
(185) *Ibid.*, p. 99-109.
(186) ROMITA, Arion Sayão. Op. cit., 2012. p. 79.

da norma, repousando na liberdade de negociar coletivamente, enquanto este pressupõe a existência de normas válidas em estado de conflituosidade.

Na coexistência do acordo coletivo e da convenção coletiva aplicados a uma mesma categoria profissional, não existe conflito normativo, mas livre manifestação da autonomia da vontade dos criadores da norma, ao criar seu próprio estatuto jurídico e atender a interesses coletivos próprios e específicos, o que impede a comparação normativa entre o acordo coletivo e a convenção coletiva, salvo se assim o queira a própria negociação coletiva.

O acordo coletivo e a convenção coletiva não são o mesmo ato jurídico e não produzem cláusulas normativas destinadas a regular o mesmo fato jurídico. Disso decorre que não existe hierarquia entre o acordo coletivo de trabalho e a convenção coletiva de trabalho, um não encontra no outro o seu fundamento de validade e não há entre eles relação de supletoriedade, complementariedade ou suplementaridade, a não ser que assim o queiram expressamente os atores coletivos legitimados pelo exercício da autonomia privada coletiva.

Neste estudo, propõe-se que, a partir da Lei n. 13.467/2017, a ideia de estado de conflituosidade entre o acordo coletivo e a convenção coletiva foi afastada do ordenamento jurídico brasileiro pela nova redação do art. 620 e a condição ou norma mais benéfica do instrumento normativo negociado não é uma condição de validade ou de eficácia desse negócio jurídico.

Para essa compreensão é preciso posicionar a negociação coletiva como o principal elemento constitutivo do acordo coletivo e da convenção coletiva, o que será objeto do próximo capítulo.

CAPÍTULO 4

NEGOCIAÇÃO COLETIVA

4.1. As bases estruturantes da negociação coletiva

A negociação coletiva no âmbito do direito do trabalho tem por interesse a relação de trabalho, e não somente o prestador e o tomador dos serviços. Pela experiência atualmente colhida, no Brasil, a negociação coletiva desenvolveu-se predominantemente na relação de emprego, haja vista que pouco crescimento da negociação coletiva se viu ou se vê em outras formas de relação de trabalho.

Segundo Carlos Eduardo Oliveira Dias(187), a negociação é um direito natural, que não surgiu dos fenômenos regulatórios, mas de algo presente nas relações de trabalho, como contraponto natural e necessário ao conflito de interesses entre o capital e o trabalho.

Trata-se do principal processo de diálogo social encontrado pelos protagonistas da relação de trabalho, precipuamente a partir do século XIX, para a solução de conflitos coletivos, sendo reconhecido mundialmente no século XX, por meio da Organização Internacional do Trabalho, nas Convenções 98(188) e 154(189). A Constituição Brasileira de 88 faz menção, expressa

---

(187) DIAS, Carlos Eduardo Oliveira. *Entre os cordeiros e lobos:* reflexões sobre os limites da negociação coletiva nas relações de trabalho: a autonomia coletiva privada e a conformação das relações de trabalho no Brasil. São Paulo, 2008, Tese (Mestrado) Programa de Pós-Graduação em Direito. Pontifícia Universidade Católica de São Paulo, p. 146. Disponível em: <https://tede2.pucsp.br/handle/handle/8368>. Acesso em: 13 fev. 2022.

(188) Cf. "Art. 4º Deverão ser tomadas, se necessário for, medidas apropriadas às condições nacionais, para fomentar e promover o pleno desenvolvimento e a utilização dos meios de negociação voluntária entre empregadores ou organizações de empregadores e organizações de trabalhadores com o objetivo de regular, por meio de convenções, os termos e as condições de emprego." Disponível em: <https://www.ilo.org/brasilia/convencoes/WCMS_235188/lang--pt/index.htm>. Acesso em: 10 jan. 2022.

(189) Cf. "Art. 2º Para efeito da presente Convenção, a expressão 'negociação coletiva' compreende todas as negociações que tenham lugar entre, de uma parte, um empregador, um grupo de empregadores ou uma organização ou várias organizações de empregadores, e, de outra parte, uma ou várias organizações de trabalhadores, com fim de: a) fixar as condições de trabalho e emprego; ou b) regular as relações entre empregadores e trabalhadores; ou c) regular as relações entre os empregadores ou suas organizações e uma ou várias organizações de trabalhadores,

e direta, à negociação coletiva em diversos dos seus dispositivos destinados ao reconhecimento de direitos sociais fundamentais: art. 7º, XIV, art. 8º, VI e art. 114, §§ 1º e 2º.

De acordo com o art. 2º da Convenção n. 154[190] da OIT, a negociação coletiva compreende todas as negociações que ocorram entre, por um lado, um empregador ou um grupo de empregadores, e, por outro lado, uma ou mais organizações de trabalhadores.

Desencadeada em torno de um processo conjunto de tomada de decisões, a negociação coletiva envolve qualquer forma de discussão, formal ou informal, livre e voluntária, cuja finalidade seja alcançar consenso, o que contribui para a criação de confiança, respeito mútuo e melhoria da qualidade das relações de trabalho.[191] No Brasil, nesse processo tendente à superação do conflito coletivo, devem participar os sindicatos dos trabalhadores e dos empregadores para a negociação da convenção coletiva, enquanto a negociação do acordo coletivo prescinde da participação do sindicato patronal.[192]

Como características, em termos subjetivos, a negociação coletiva pode apresentar-se como direta ou indireta. Na direta, os próprios entes legitimados realizam a negociação coletiva sem a interferência de terceiros, enquanto, na indireta, há participação de terceiros, como ocorre na mediação e na arbitragem. No plano objetivo, a negociação coletiva pode ter múltipla abrangência, embora, no Brasil, a validade e a eficácia da convenção coletiva de trabalho e do acordo coletivo de trabalho estejam associadas à representação sindical não inferior ao limite territorial de um município. Em linhas gerais, a negociação coletiva pode ter expansão limitada à empresa ou à unidade econômica, a um grupo de empresa, ramo ou setor econômico e aos âmbitos nacional, estadual, intermunicipal ou municipal.

Como um fenômeno da relação entre o capital e o trabalho, a negociação coletiva foi juridificada como princípio e direito social fundamental do trabalho, graças ao reconhecimento da legitimidade das entidades sindicais para representar os interesses de determinados grupos sociais. Isso porque, para ser legítima e autêntica, a negociação coletiva pressupõe igualdade das partes negociantes e, como comprova a história retratada nos séculos XIX e XX, a

---

ou alcançar todos estes objetivos de uma só vez." Disponível em: <https://www.ilo.org/brasilia/convencoes/WCMS_236162/lang--pt/index.htm>. Acesso em: 10 jan. 2022.

(190) *Id.* Acesso em: 08 fev. 2022.

(191) NEGOCIAÇÃO COLETIVA: Guia de Políticas/departamento de Governação e tripartismo, Departamento de igualdade e condições de trabalho. OIT. 2015. p. 2. Disponível em: <https://www.ilo.org/wcmsp5/groups/public/---europe/---ro-geneva/---ilo-lisbon/documents/publication/wcms_714849.pdf>. Acesso em: 08 fev. 2022.

(192) MAGANO, Octávio Bueno; MALLET, Estêvão. *O direito do trabalho na Constituição.* 1. ed. Rio de Janeiro: Forense, 1993. p. 294.

equiparação de poderes entre o capital e o trabalho só foi alcançada com a coalizão de trabalhadores e a organização sindical.(193)

Por grupo social, ensina Evaristo de Moraes Filho(194), compreende-se aquela forma de configuração, como um todo sintético, que, conquanto formado e constituído por indivíduos, vai além da sua simples soma ou proximidade física, possuindo qualidades e características que lhe são próprias, e que somente essa determinada reunião de indivíduos, em determinadas condições precisas de tempo e espaço, seria capaz de provocar a ação conjugada de seus membros e formar um sólido tecido estrutural, construído e renovado incessantemente por meio de relações que mantêm unidos os seus membros, por suas atitudes, ideias, emoções, interesses, desejos e ideais compartilhados.

Ao examinar o fenômeno da coexistência do acordo coletivo de trabalho e da convenção coletiva de trabalho, este estudo parte do pressuposto de que ambos têm origem em negociações coletivas autênticas, legítimas, consubstanciadas em boa-fé, porque, não sendo válida uma delas, outra seria a forma de análise do diploma coletivo resultante, pois o poder social a uma delas conferido estaria viciado.

O reconhecimento da legitimidade da negociação coletiva é fruto da compreensão, social e jurídica, de que a relação de trabalho — e, consequentemente, o ordenamento jurídico trabalhista — são traçados por interesses individuais, interesses coletivos e interesses públicos, ora conectados e outrora em colisão. No interesse coletivo, repousa a existência de interesses comuns — de determinados grupos ou subgrupos — que sobrepõem o interesse individual, mas que, ao mesmo tempo, são limitados pelo interesse público, resguardado em normas estatalistas de indisponibilidade absoluta.

Embora o interesse coletivo seja a matriz da negociação coletiva, direta ou indiretamente, ela se comunica com interesses individuais e com interesses públicos.

Para Gino Giugni(195), a organização da atividade sindical é expressão e consequência do reconhecimento legal da diversidade entre o interesse

---

(193) SANTOS, Enoque Ribeiro dos. *Processo coletivo do trabalho.* 2. ed. São Paulo: LTr, 2018. p. 182 e 186.

(194) MORAES FILHO, Evaristo de. *O problema do sindicato único no Brasil.* 2. ed. São Paulo: Alfa-Omega, 1978. p. 25 e 45.

(195) Cf. "*L'inquadramento del sindacato e dell'attività sindacale nel diritto privato è, insieme, espressione e conseguenza del riconoscimento giuridico della diversità tra l'interesse collettivo, di cui il sindacato stesso è portatore, e l'interesse generale, di cui è portatrice l'intera comunità eretta a Stato e che acquista concretezza attraverso le procedure costituzionali. Il sindacato è, invece, l'organizzazione di un gruppo di lavoratori e ne esprime gli interessi; per quanto possa essere grande e numeroso questo gruppo, esso non viene mai a coincidere con la*

coletivo — do qual o próprio sindicato é portador —, o interesse público — do qual toda a comunidade erigida ao Estado é portadora —, e os interesses individuais dos trabalhadores.

Essa tríade de interesses é a grande balizadora dos espaços garantidos à negociação coletiva, cujo exercício é consubstanciado por um dos vários pilares das liberdades: a autonomia privada coletiva. O tamanho do espaço garantido às liberdades, na legislação heterônoma de um determinado ordenamento jurídico, será diretamente proporcional ao tamanho do espaço reservado à negociação coletiva.

Assim, a liberdade sindical em um determinado país está diretamente associada ao exercício da autonomia privada coletiva.

Para Francesca Columbu e Túlio de Oliveira Massoni[(196)], a liberdade sindical, como um desenvolvimento do princípio de liberdade, corresponde ao ponto de convergência entre a categoria dos direitos civis e políticos e a dos direitos econômicos e sociais. E, no caminho desse desenvolvimento, a liberdade sindical só se completa com a autonomia para a negociação coletiva.[(197)]

Disso decorre que a negociação coletiva conecta, ao mesmo tempo, os caminhos da representação e da liberdade sindicais, formando a única via legítima para que as entidades sindicais representem a autorregulamentação dos interesses coletivos dos seus representados e os interesses da própria entidade sindical, característica que Mauricio Godinho Delgado[(198)] identifica pelo princípio da interveniência sindical na normatização coletiva, extraído dos incisos III e VI da Constituição de 1988, no sentido de que, para o Direito, não constitui 'negociação coletiva' qualquer fórmula de tratamento direto entre o empregador e seus empregados, ainda que se trate de fórmula formalmente democrática.

Talvez por essa razão seja comum associar a negociação coletiva à convenção coletiva ou ao acordo coletivo, entretanto, embora tenham

---

società nel suo complesso: è, cioè, pur sempre una parte della società e il suo è pur sempre un interesse di parte. Se non si deve confondere l'interesse collettivo di cui è portatore il sindacato con l'interesse pubblico generale, lo stesso non deve essere confuso neanche con l'interesse individuale dei singoli lavoratori aderenti al sindacato stesso, o comunque facenti parte del gruppo professionale da questo organizzato. (GIUGNI, Gino. *Diritto Sindicale.* Bari: Cacucci, 2014. p. 53).

(196) COLUMBU, Francesca. MASSONI, Túlio de Oliveira. *Direito material e processual do trabalho constitucionalizados.* In: *O atual sindicalismo brasileiro:* representação, negociação coletiva e custeio. Organizadores: Alberto Nemer Neto. Cláudio Jannotti da Rocha. José Roberto Freire Pimenta. Ricardo José Macedo de Britto Pereira. v. 1. p. 399-428, Porto Alegre: Lex Magister — OAB Nacional, 2020. p. 401.

(197) NASCIMENTO, Amauri Mascaro. Op. cit., 2015. p. 109.

(198) DELGADO, Mauricio Godinho. Op. cit., 2015. p. 63.

correlação jurídica, possuem naturezas distintas, ao passo que a primeira é procedimento e o segundo e o terceiro são contratos normativos em que se estipulam condições de trabalho.(199) Em outra perspectiva, a negociação coletiva é processo em movimento dinâmico, enquanto o acordo coletivo ou a convenção coletiva é o produto estático.(200)

Ronaldo Lima dos Santos(201) ensina que a negociação coletiva está para os diplomas coletivos negociados como a fase de puntuação (tratativas) está para os contratos em geral. Pode-se afirmar que a negociação coletiva se encontra dentro do ambiente jurídico-social-trabalhista onde predomina a aproximação e o diálogo dos interessados, com o propósito de apresentar intenções, ideias e perspectivas, as quais podem ser conflitivas ou próximas, e, quando consensualmente ajustadas, serão traduzidas na edição de um pacto normativo coletivo, cuja construção e conclusão foram aprovadas em assembleias, percorrendo, assim, todos os canais democráticos para que o diploma coletivo seja apto a orientar o futuro de uma determinada relação jurídica coletiva de trabalho.

E, em razão dessas características, a negociação coletiva torna-se responsável por implantar um novo modelo de relações coletivas trabalhistas ao opor-se ao intervencionismo estatal do período corporativista e formar uma ordem jurídica não estatal, segundo o princípio do livre jogo de forças nos conflitos entre os seres coletivos.(202)

Para o direito do trabalho, o ambiente jurídico e social da negociação coletiva não é o mesmo da negociação individual. Um traço característico, visto acima, é o de que os titulares da negociação coletiva são considerados juridicamente equivalentes ou juridicamente simétricos em termos de poderes, o que afasta a aplicação de princípios protetivos do Direito Individual do Trabalho sobre a manifestação de vontade dos entes coletivos, garantindo-se maior liberdade aos atores da relação coletiva para solucionar o conflito ou ajustar seus interesses. Ao princípio da equivalência dos contratantes coletivos, os sujeitos do Direito Coletivo do Trabalho — empregador, entidade sindical patronal e entidade sindical obreira — têm a mesma natureza de 'seres coletivos' e contam cada qual com condições e instrumentos eficazes de autuação e pressão que lhes colocam em pé de igualdade na negociação coletiva.

Mauricio Godinho Delgado(203) afirma que essas características posicionam os seres coletivos em equivalência de negociação, possibilitam um

(199) SANTOS, Ronaldo Lima dos. Op. cit., 2007. p. 181.
(200) SILVA, Homero Batista Mateus da. *Curso de direito do trabalho aplicado*: direito coletivo do trabalho. 2. ed. v. 7, Rio de Janeiro: Elsevier, p. 153.
(201) SANTOS, Ronaldo Lima dos. Op. cit., 2007. p. 183.
(202) NASCIMENTO, Amauri Mascaro. Op. cit., 2015. p. 385.
(203) DELGADO, Mauricio Godinho. Op. cit., 2015. p. 64-66.

tratamento jurídico mais equilibrado às partes nele envolvidas e reduzem a diretriz protecionista e intervencionista presente no Direito Individual do Trabalho. No entanto, pondera o referido doutrinador que a legislação nacional ainda não atendeu às necessidades da real democratização do sistema sindical do país, o que compromete a ideal observância do princípio da equivalência dos contratantes coletivos trabalhistas.

A referida característica foi recentemente reconhecida pelo plenário do Supremo Tribunal Federal no julgamento do Recurso Extraordinário 590.415/SC(204), no qual se discutiu a validade de cláusula normativa contida em um acordo coletivo de trabalho prevendo a quitação ampla dos direitos trabalhistas aos empregados que aderissem ao plano de dispensa incentivada.

Em linhas gerais, a decisão afirmou que, no âmbito do direito coletivo do trabalho, não se verifica a mesma situação de assimetria de poder presente nas relações individuais de trabalho e, por essa razão, a autonomia coletiva da vontade não se encontra sujeita aos mesmos limites que a autonomia individual, concluindo que seria válida a autocomposição coletiva retratada na cláusula normativa que instituíra o plano de demissão incentivada com quitação ampla aos aderentes, ainda que isso implicasse renúncia de direitos trabalhistas.

Entretanto, para chegar à conclusão de que a cláusula normativa seria válida, o STF discutiu, precipuamente, à luz do inciso XXVI do art. 7º da Constituição de 1988, os limites da autonomia da vontade individual e da autonomia da vontade coletiva na relação de trabalho.

Para tanto, estabeleceu as principais diferenças entre os institutos, os princípios e as características do Direito Individual do Trabalho e do Direito Coletivo do Trabalho. O primeiro, característico de uma relação individual de desigualdade econômica e de poder equilibrada por uma legislação heterônoma orientada pelo princípio de proteção da parte hipossuficiente quanto aos direitos mais essenciais, impondo constante limitação à autonomia da vontade individual, com vistas a garantir esse padrão básico e essencial de direitos. O segundo, característico de uma relação coletiva marcada pela simetria de poder, orientado por um modelo democrático de normatização autônoma — com considerável liberdade aos seus protagonistas e dotada de institutos — princípios e regras promocionais à negociação coletiva e, consequentemente, de contenção ao intervencionismo estatal.(205)

E, dessa maneira, ao estabelecer a diferença entre as características do direito individual e coletivo do trabalho, o STF decidiu que a negociação

---

(204) STF. RECURSO EXTRAORDINÁRIO: RExt 590.415 SC. Relator Ministro Roberto Barroso. DJ 29/05/2015, STF, 2015. Disponível em: <https://redir.stf.jus.br/paginadorpub/paginador.jsp?docTP=TP&docID=8590961>. Acesso em: 29 jan. 2022.
(205) STF. RECURSO EXTRAORDINÁRIO: RExt 590.415 SC, op. cit., 2015.

coletiva é o instrumento de consolidação da democracia, de obtenção autônoma da paz social e de formação de uma classe trabalhadora cidadã, livre, consciente e efetivamente capaz.

Na decisão, o STF deu à negociação coletiva o significado de instrumento de cidadania e de emancipação da classe trabalhadora.

Muito antes do Supremo Tribunal Federal, Arion Sayão Romita assinalava que a legislação intervencionista destinada ao ambiente da negociação coletiva trabalhista, em um Estado democrático, deve ser interpretada no sentido de caráter promocional, como normas de reconhecimento e apoio ao exercício do poder sindical, o único contrapoder apto a equilibrar a posição de desigualdade social em que o trabalhador se encontra em face do Estado e do empresário.[(206)]

A manifestação de vontade, as intenções e os interesses exteriorizados na edição de um acordo coletivo de trabalho ou de uma convenção coletiva de trabalho ocorrem, necessariamente, a partir da negociação coletiva, impulsionada pelas autonomias privadas coletivas contrapostas de cada grupo, com o propósito de movimentar as possibilidades de solução do conflito.

Isso leva à conclusão de que a negociação coletiva de um acordo coletivo de trabalho é distinta da negociação coletiva de uma convenção coletiva de trabalho e, consequentemente, de que o ambiente, as aspirações, as necessidades e as intenções podem se apresentar sem uniformidade entre os 'seres coletivos' ou entre os grupos sociais. Consequentemente, o exercício da autonomia da vontade coletiva, que dera origem a cada diploma coletivo, pode ser diferente e impulsionada por distintos interesses coletivos ou interesses coletivos em diferentes níveis.

A indivisibilidade do interesse coletivo passa a ser determinada pela negociação coletiva representada no diploma coletivo dela decorrente. O interesse coletivo do grupo que impulsionou a negociação de uma convenção coletiva pode estar conectado ou não conectado, ou ser harmônico, distinto, parcialmente distinto e absolutamente distinto do interesse coletivo do grupo que impulsionou a negociação coletiva do acordo coletivo.

Segundo Francesco Santoro-Passareli *apud* Gino Giuni[(207)], é possível afirmar a existência de diversidade de interesse coletivo, o qual, de fato, é

---

(206) Cf. "Num Estado democrático, a legislação intervencionista assumiria feição promocional, mediante a promulgação de normas de apoio ou suporte ao poder sindical, o único contra-poder apto a contrabalançar a posição de desigualdade social em que o trabalhador se encontra em face do Estado e do empresário." (ROMITA, Arion Sayão. Op. cit., 2012. p. 67-70).
(207) SANTORO-PASSARELLI, Francesco. *Noções de direito do trabalho*. Trad. Mozart Victor Russomano e Carlos Alberto G. Chiarelli. São Paulo: Revista dos Tribunais, 1973. p. 11.

determinado não por meio de uma mediação entre interesses individuais, mas por meio da mediação concreta entre os diferentes membros do grupo e entre os diferentes subgrupos em que o grupo pode ser articulado. Daí porque, segundo Gino Giuni[208], o interesse coletivo seria uma convenção linguística que designaria o resultado de um processo de formação de vontade de uma pluralidade organizada de pessoas.

O interesse coletivo, portanto, é indivisível no sentido de que se satisfaz, não pela quantidade de bens a satisfazerem necessidades individuais, mas por um único bem apto a satisfazer a necessidade de uma determinada coletividade. Essa unidade é representada no acordo coletivo e na convenção coletiva de trabalho.

Para Amauri Mascaro Nascimento[209], o interesse coletivo é indivisível no sentido que vincula pessoas, que se integram como um todo, relacionadas por uma reivindicação que a todas se comunica e que é igual para cada uma delas, mas que se descentraliza em esferas de grupos de dimensões variadas e que podem ter a amplitude de uma categoria, de uma profissão ou uma esfera menor.

Pelo princípio lógico que decorre do âmbito, diminuto e específico, de eficácia — *inter pars* — conferido ao interesse coletivo reproduzido no acordo coletivo de trabalho, não há necessidade deste diploma se a convenção coletiva de trabalho foi suficiente em solucionar — *erga omnes* — o conflito de interesse coletivo de todo o grupo. Se a negociação da convenção coletiva foi suficiente a todo o grupo, não haverá interesse coletivo a impulsionar a negociação do acordo coletivo de trabalho.

---

(208) Cf. "*Infatti, sviluppando la formula di Santoro Passarelli, è possibile affermare la diversità dell'interesse collettivo di cui è portatore il sindacato dagli interessi individuali dei suoi membri e, a maggior ragione, di coloro che, pur non essendo iscritti, appartengono al gruppo professionale di riferimento; anche se, in ipotesi, tali interessi individuali hanno un oggetto comune (ad es., il salario, l'occupazione, ecc.). Un esempio può aiutare la comprensione di questa diversità: se il sindacato chiude un conflitto — originato dall'intenzione dell'imprenditore di procedere ad un licenziamento collettivo — con un accordo che riduce drasticamente il numero dei lavoratori da licenziare, ha promosso l'interesse collettivo, ma l'interesse individuale dei lavoratori che seguitano ad essere soggetti al licenziamento viene, comunque, sacrificato. L'interesse collettivo, infatti, viene determinato non attraverso un'astratta e impossibile media tra gli interessi individuali, ma dalla concreta mediazione tra i diversi componenti del gruppo (e tra i diversi sotto-gruppi in cui il gruppo può articolarsi), che si svolge attraverso i procedimenti di formazione della volontà collettiva: dinamica ignorata da chi sostanzialmente nega la distinzione tra interesse individuale ed interesse collettivo (Ichino 1996 e 2005).* L'interesse collettivo, come d'altronde quello pubblico o generale, non è — in conclusione — un'essenza ontologica, bensì una convenzione linguistica che designa l'esito di un processo di formazione della volontà di una pluralità organizzata di persone. Anch'esso dipende, perciò, da una scelta volontaristica, come quella che dà origine al gruppo professionale." (GIUGNI, Gino. Op. cit., p. 53-55).

(209) NASCIMENTO, Amauri Mascaro. Op. cit., 2015. p. 1270.

A existência de diferentes níveis de negociação coletiva e de sua descentralização dentro do mesmo grupo, antes mesmo da Lei n. 13.467/2017, era sentida na doutrina e na legislação trabalhistas, conforme destaca Ricardo José Macedo de Brito Pereira *et al*:

> "(...) Amauri Mascaro Nascimento, muito antes da nova redação do art. 620 da CLT pela Lei n. 13.467/2017, trazia em sua doutrina a constatação de que nos regimes democráticos se admite um espaço maior entre os diferentes níveis de interesses do que os regimes políticos autoritários, correlacionando-a ao direito do trabalho brasileiro na perspectiva dos níveis da autonomia privada coletiva, em que o âmbito da negociação coletiva deverá combinar com o nível de atuação dos atores coletivos. Haveria níveis articulados e não articulados e concentrados e não concentrados. No nível articulado, cada contratação coletiva conservaria sua individualidade, embora entrelaçando-se, formando um conjunto de convênios coletivos escalonados em diferentes níveis, relacionados entre si, a partir de um acordo maior. No nível não articulado, os convênios coletivos seriam totalmente autônomos, inexistindo reserva de competência, o que garantiria maior liberdade para as bases. No nível concentrado, a negociação seria centralizada em um nível mais alto na escala sindical, enquanto no nível descentralizado, não haveria comando do nível mais alto sobre os demais. A existência de níveis de negociação coletiva é sentida no art. 5º da Convenção n. 87 da OIT, no art. 4º da Convenção n. 98 da OIT e no art. 2º da Convenção n. 154 da OIT, tendo sido as duas últimas ratificadas pelo Brasil. Nas mencionadas convenções internacionais, a negociação coletiva sempre é retratada na perspectiva do empregador, grupo de empregadores, uma organização ou várias organizações de empregadores e uma ou várias organizações de empregados, o que em muito se compatibiliza com a redação do art. 611, *caput*, §§ 1º e 2º, da CLT. A mesma ideia de níveis de negociação coletiva é reproduzida nos art. 16, 1, 4, alínea "c", e 5, e art. 17, 1, da Declaração Sociolaboral do Mercosul de 2015, em reunião realizada em 17.07.2015. Pela redação do art. 7º, inciso XXVI, da Constituição de Federal de 88, donde não se extraí a existência de hierarquia formal e material entre o ACT e a CCT, pode se afirmar, a partir da lição de Amauri Mascaro Nascimento, que, no Brasil, a negociação coletiva estrutura-se em nível não articulado e em nível descentralizado. A ideia de negociação coletiva em níveis é sentida ao menos em três planos no ordenamento jurídico brasileiro. O primeiro, de ordem institucional, diz respeito à organização sindical pelo sistema confederativo em diferentes

níveis: sindicato, federação e confederação. O segundo, de ordem espacial, relacionado à representação da entidade sindical em diferentes níveis territoriais: municipal, intermunicipal, estadual, interestadual e nacional. O terceiro, de ordem subjetiva, contempla os diferentes níveis de interesses coletivos, vez que estes interesses podem ser representados através de acordos coletivos e/ou convenções coletivas de trabalho. (...)"(210)

Por essa razão, entendo, com Túlio Oliveira Massoni(211), que o conceito de interesse coletivo vincula-se ao de representação sindical e de autonomia privada coletiva, ao passo que a entidade sindical atua com vistas à realização de um interesse comum aos integrantes do grupo.(212) E, nessa linha, o acordo coletivo de trabalho pode representar o interesse coletivo indivisível de um determinado grupo, enquanto a convenção coletiva sempre representará o interesse coletivo indivisível unânime ou majoritário do grupo social.

A edição do acordo coletivo de trabalho antes, durante ou após a edição da convenção coletiva de trabalho é corolário lógico da natureza livre e voluntária da negociação coletiva, cujos resultados das negociações são gerados pelas próprias partes, sem que lhes sejam impostos.(213) Eventual incoerência na coexistência entre o acordo coletivo e a convenção coletiva devem ser solucionados no âmbito da autonomia privada coletiva, mediante prorrogação, revisão, denúncia ou revogação tratados no art. 615 da Consolidação das Leis do Trabalho.

A prevalência do acordo coletivo de trabalho sobre a convenção coletiva de trabalho se estrutura, no art. 620 da CLT, a partir do reconhecimento de que a negociação coletiva — e, consequentemente, a autonomia privada coletiva, a liberdade sindical e a representação sindical — que consubstanciara o acordo coletivo presume-se não contemplada naquela que estruturou a convenção coletiva de trabalho, incumbindo a própria negociação coletiva, em razão de sua metodologia democrática dizer o contrário ou compatibilizá-la.

No método democrático de regulação das relações de trabalho, o Estado confia em que trabalhadores e empresários, que têm interesses antagônicos,

---

(210) PEREIRA, Ricardo José Macedo de Brito; CUNHA, Cristine Helena; BERKEMBROCK, Leonardo Henrique. Op. cit., 2020. p. 239 a 240.

(211) MASSONI, Túlio de Oliveira. *Representação e representatividade das organizações sindicais de trabalhadores no contexto da liberdade sindical.* São Paulo, 2006, Tese (Mestrado) Programa de Pós-Graduação em Direito. Universidade de São Paulo, p. 123.

(212) *Ibid.*, p. 123.

(213) NEGOCIAÇÃO COLETIVA: Guia de Políticas/departamento de Governação e tripartismo, Departamento de igualdade e condições de trabalho. OIT. 2015. p. 3. Disponível em: <https://www.ilo.org/wcmsp5/groups/public/---europe/---ro-geneva/---ilo-lisbon/documents/publication/wcms_714849.pdf>. Acesso em: 08 fev. 2022.

mas não inconciliáveis, encontrem, por meio da negociação coletiva, as melhores soluções para a composição das respectivas pretensões.(214)

Considerando que a principal característica da negociação coletiva é a composição de interesses pelos próprios atores coletivos da relação de trabalho, em um ambiente social, político e econômico, quando vista sob a estrutura e a orientação dos princípios da autonomia da vontade coletiva, da liberdade sindical e da representação sindical, não é difícil compreender que a solução dos conflitos coletivos de um mesmo grupo social pode apresentar interesses coletivos variados, com peculiaridades, níveis e dimensões que algumas vezes não podem ser alcançados por uma convenção coletiva de trabalho.

Propõe-se, assim, que, na estrutura da negociação coletiva, é natural que o conflito de interesses coletivos possa resultar na edição do acordo coletivo de trabalho, da convenção coletiva de trabalho ou dos dois, constituindo, assim, espontaneamente, ordenamentos jurídicos maiores ou menores, embora absolutamente próprios.

4.2. A finalidade da negociação coletiva em um estado democrático de direito

A constante mutabilidade das relações de trabalho, costumeiramente condicionadas pela superestrutura econômica das relações de produção, torna a legislação laboral heterônoma insuficiente e ineficiente, incumbindo a negociação coletiva o incremento e a regulação das condições de trabalho de modo próprio, específico e temporalmente dinâmico.(215)

Entre as várias finalidades da negociação coletiva, a essencial, é a solução do conflito de trabalho. Da composição decorre a paz social, a edição de diplomas coletivos negociados e a regulamentação livre e voluntária, exemplificativamente, sobre: condições de trabalho e emprego; proteção e segurança no emprego; formação profissional, equidade salarial; políticas remuneratórias; igualdade de gênero; relações entre empregados, empregadores e entidades sindicais e outra infinita gama de possibilidades.

As características do ambiente social, político, econômico e jurídico onde se desenvolve a negociação coletiva impacta diretamente na consecução dessa finalidade. Desigualdade social, desigualdade econômica, inflação, política monetária, ideologias, políticas públicas, autoritarismo, corporativismo, desemprego, globalização, saúde, educação, segurança,

---

(214) ROMITA, Arion Sayão. Op. cit., 2012. p. 78.
(215) DIAS, Carlos Eduardo Oliveira. Op. cit., 2008. p. 149.

transporte público, acessibilidade, cultura, cidadania, lazer, eficiência dos Poderes Executivo, Legislativo e Judiciário e o modelo de normatização do Direito do Trabalho são alguns exemplos dos inúmeros fatores que impactam na negociação coletiva.

Por ser um fenômeno autêntico e prático do ambiente laboral, a negociação coletiva é mais satisfatória nos países em que ela surgiu de baixo para cima, isto é, dos fatos para as leis.(216) Essa característica diz muito, em um determinado ordenamento jurídico, sobre a qualidade da negociação coletiva, a maturidade da coalização de trabalhadores, a dimensão da liberdade sindical e o tamanho da ingerência estatal nas relações coletivas de trabalho.

Para Amauri Mascaro Nascimento(217), o espaço que a negociação coletiva ocupa no direito interno é um critério que permite classificar o sistema de relações de trabalho de um país em 'abstencionista', 'desregulamentado' e 'regulamentado'.

Embora não haja dissenso na afirmação de que a regulação e o desenvolvimento da relação de trabalho por meio de normas coletivas seja a finalidade primeira da negociação coletiva, não é unânime entre a doutrina e a jurisprudência o entendimento sobre quais características ela deve ostentar para que cumpra sua missão.

Ao menos três correntes doutrinárias são identificadas neste ponto e todas elas têm em comum problematizar a validade e a eficácia da negociação coletiva sob a perspectiva do direito do trabalho legislado e o direito do trabalho negociado, e não propriamente sobre a importância do poder social conferido à autonomia privada coletiva, isto é, à sua gênese.

A primeira corrente doutrinária defende a interpretação de que a negociação coletiva do trabalho está sujeita ao princípio do *favor laboratoris*, não tendo autorização para tratar direitos trabalhistas de forma menos favorável ao trabalhador. A negociação coletiva de trabalho sobre qualquer matéria, quando resultar em desfavorecimento de qualquer hipótese ao trabalhador, seria inconstitucional à luz do *caput* do art. 7º da Constituição de 1988. A segunda corrente doutrinária, em sentido oposto, sustenta que a negociação coletiva deve ter flexibilidade suficiente para mudar condições de trabalho, mesmo que desfavoreçam o trabalhador. A terceira corrente, com uma proposta intermediária, admite a negociação coletiva *in pejus*, desde que não haja afronta ao núcleo duro constitucional.(218)

---

(216) SANTOS, Enoque Ribeiro dos. Op. cit., 2018. p. 183.
(217) NASCIMENTO, Amauri Mascaro. Op. cit., 2015. p. 400.
(218) SANTOS, Enoque Ribeiro dos. Op. cit., 2018. p. 191-193.

Mauricio Godinho Delgado[219], ao estruturar o princípio da adequação setorial negociada, defende a interpretação de que a finalidade da negociação coletiva é o aperfeiçoamento da ordem jurídica, e não pode, desse modo, servir de mecanismo para o desprestígio ou a precarização dessa ordem jurídica e das relações socioeconômicas. Poderá instituir parcelas novas, transacionar aspectos efetivamente duvidosos em certa comunidade trabalhista, desde que se trate de parcela de disponibilidade relativa. E só poderá reduzir ou normatizar *in pejus* parcela instituída pela ordem jurídica heterônoma estatal nos próprios limites que a ordem jurídica assim autorizar.

Amauri Mascaro Nascimento[220] observa que, em razão das crises econômicas, da redução de custos como meio de enfrentamento da competição empresarial e do avanço tecnológico, houve mudança na diretriz da negociação coletiva. Além das suas funções tradicionais, a negociação coletiva passa a ser um instrumento de gestão e a sua finalidade poderá ser a de solucionar o conflito coletivo por meio da redução de direitos trabalhistas.

Para Francesca Columbu e Túlio Oliveira Massoni[221], a negociação coletiva é ambivalente, ora progressiva com a introdução de melhorias em nível coletivo para os trabalhadores, outrora gerencial e administrativa, concessiva e recessiva, disposta a ponderar crises e dificuldades e adaptar normas laborais à realidade econômica e social.

Carlos Eduardo Oliveira Dias[222] assinala que a negociação coletiva teria função compositiva, normativa, obrigacional, política, social, ambiental, emancipadora, de equilíbrio e de limitação. Compositiva, por ser um instrumento de solução de conflito. Normativa, porque cria normas a serem aplicadas às relações individuais de trabalho. Obrigacional, por criar direitos e deveres aos sujeitos estipulantes do diploma coletivo. Política, ao passo que é de interesse da sociedade a estabilidade das relações de trabalho. Social, porque resulta na participação dos trabalhadores na atividade empresarial econômica. Ambiental, pois a regulação impacta a gestão do meio ambiente de trabalho. Emancipadora, porque é uma forma adequada de efetivação de direitos e de se estabelecer melhores condições de trabalho para, assim, promover a emancipação do trabalhador. De equilíbrio, ao instituir uma relação de diálogo equânime entre o capital e o trabalho. E de limitação, porque, como instrumento para solução do conflito, acaba por limitar a investida do poder econômico nos interesses dos trabalhadores.

Em linhas gerais, o objetivo da negociação coletiva é a afirmação do poder social de regulação das condições e das relações, individuais e coletivas,

---

(219) DELGADO, Mauricio Godinho. Op. cit., 2015. p. 64-66.
(220) NASCIMENTO, Amauri Mascaro. Op. cit., 2015. p. 110 e 119.
(221) COLUMBU, Francesca. MASSONI, Túlio de Oliveira. Op. cit., 2020. p. 405.
(222) DIAS, Carlos Eduardo Oliveira. Op. cit., 2008. p. 157 a 158.

de trabalho. A regulação, no entanto, está diretamente atada ao contexto histórico, social, político e econômico presente no momento da negociação coletiva, fatores estes que podem influenciar e cambiar o seu conteúdo.

Observa Túlio Oliveira Massoni(223) que, na atualidade, em todo o mundo, mais do que nunca, a negociação coletiva desponta com maior ênfase nas regulações de trabalho, inseridas em uma sociedade muito mais complexa e multifacetada, de certo modo a indicar a crise no modelo geral e abstrato inerente à lei estatal, incapaz de normatizar situações e aspectos tão variados do mundo do trabalho.

É preciso, dessa forma, dar mais atenção à legitimidade e ao poder do representante coletivo do que para o conteúdo objeto da negociação coletiva, esta última em constante mutação.(224)

A negociação coletiva deve ser tida como um instrumento de desenvolvimento e, ao mesmo tempo, de adaptabilidade para momentos difíceis, não se mostrando razoável a definição restritiva de que a negociação coletiva se presta apenas a estabelecer melhores condições de trabalho. Este deve ser o ideal, a orientação programática e o fim almejado, entretanto, nos espaços garantidos e não proibidos pela lei, a negociação coletiva pode expandir-se *in pejus* ou *in mellius* e o papel decisório sobre o seu rumo compete ao poder social conferido à autonomia privada coletiva.

A finalidade da negociação coletiva é, em última análise, a afirmação e a concretização da autonomia privada coletiva, o que ocorre com a produção de normas coletivas, fundada em duas premissas teóricas: a do pluralismo político e a do pluralismo jurídico.(225)

4.3. A Lei n. 13.467/2017 e os impactos na negociação coletiva

Inúmeras foram as transformações trazidas pela Lei n. 13.467/2017 que desestruturam a proteção conferida pela legislação heterônoma ao trabalhador, tanto na seara do direito material, quanto no direito processual.

Destaca Rodrigo de Lacerda Carelli(226) que, entre as propostas aprovadas e que passaram a compor a Lei n. 13.467/2017, estão diversos dispositivos

---

(223) MASSONI, Túlio de Oliveira. Op. cit., 2020. p. 50.
(224) *Ibid.*, p. 406.
(225) COLUMBU, Francesca; MASSONI, Túlio de Oliveira. Op. cit., 2020. p. 401.
(226) CARELLI, Rodrigo de Lacerda. *A razão neoliberal e a Justiça do Trabalho*: uma comparação entre o Chile de Pinochet e o Brasil de Temer-Bolsonaro. *Revista da ABET*. v. 20, n. 2, p. 380-392, jul./dez., 2021, p. 383.

que são direcionados à restrição da atuação dos juízes do Trabalho, e não normas dispondo sobre direito material do trabalho, citando como exemplos de dispositivos direcionados a enquadrar ou restringir a atuação da Justiça do Trabalho: a proibição de súmulas da Justiça do Trabalho para restringir direitos e criar obrigações (art. 8º, § 2º, Consolidação das Leis do Trabalho — CLT); a intervenção mínima em convenções e acordos coletivos de trabalho (art. 8º, § 3º, CLT); a criação de regras prescricionais (art. 11-A, CLT); o tabelamento de danos extrapatrimoniais (art. 223-G, CLT); a criação de regras rígidas para a aprovação de súmulas (art. 702, "f", § 3º e § 4º CLT); a restrição à concessão da justiça gratuita (art. 790, § 4º); o pagamento de perícia para beneficiários da justiça gratuita (art. 790-B, CLT); honorários advocatícios aos trabalhadores, mesmo que beneficiários de gratuidade de justiça (art. 791-A, CLT); o pagamento de custas por beneficiário de justiça gratuita por ausência em audiência como condição para o ajuizamento de nova ação (art. 844, § 2º, CLT); a homologação de acordo extrajudicial (art. 844-B, CLT); e as restrições ao recurso de revista (art. 896, CLT).

Essas alterações processuais desvelam que a intenção da Lei n. 13.467/2017 não foi a de proteger o trabalhador, e sim desenvolver um direito do trabalho sob a lógica econômica-mercantil. Provavelmente, esse mesmo espírito está presente nas regras e nos princípios destinados ao tratamento da negociação coletiva.

A autocomposição entre interlocutores sociais deve ser priorizada para promover enlaces jurídicos com base nos quais regerão as relações de trabalho em uma realidade multiforme e cambiante, todavia, na mesma medida em que é importante dar maior espaço à autonomia privada coletiva, não se pode perder de vista a função tutelar reservada à lei, pois é o garantismo legal o ponto de partida para que o trabalho não seja precarizado.(227)

A política laboral de passagem da 'tutela estatal' para o 'garantismo coletivo' deve ser cercada de cautelas e cobra um interstício prévio de transição, em que se promova, sustente e apoie a sindicalização e a atuação sindical, construindo o ambiente social e jurídico da negociação coletiva.(228)

A Lei n. 13.467/2017, embora indique aparente destaque à negociação coletiva, desestruturou o sustento econômico das entidades sindicais, não porque pôs fim à contribuição sindical obrigatória, mas porque, paradoxalmente, no inciso XXVI do art. 611-B, veda à negociação coletiva a criação e a cobrança de contribuições obrigatórias às categorias profissionais e econômicas representadas no acordo coletivo de trabalho ou na convenção coletiva de trabalho.

---

(227) NASCIMENTO, Amauri Mascaro. Op. cit., 2015. p. 109 e 117.
(228) COLUMBU, Francesca. MASSONI, Túlio de Oliveira. Op. cit., 2020. p. 406.

O art. 8º, inciso IV, da Constituição de 1988, prevê que a assembleia geral do sindicato poderá instituir contribuição sindical para custeio do sistema confederativo, independentemente da contribuição prevista em lei. Nessa perspectiva, existiriam duas contribuições sindicais, uma fixada pela assembleia e outra prevista em lei (CLT, art. 578 ao 610).

Mauricio Godinho Delgado[229] observa que o ordenamento jurídico trabalhista faz menção a quatro tipos de contribuições: a contribuição sindical obrigatória (facultativa após a edição da Lei n. 13.467/2017), a contribuição confederativa, a contribuição assistencial e as mensalidades dos associados aos sindicatos. A contribuição assistencial, também denominada contribuição sindical negocial, seria aquela instituída por convenção coletiva de trabalho ou acordo coletivo de trabalho, normalmente para desconto em folha de pagamento em uma ou poucas mais parcelas ao longo do ano, descrita no art. 513, alínea *e*, da CLT.

O art. 7º da Lei Federal n. 11.648/2008 prevê que os arts. 578 a 610 da Consolidação das Leis do Trabalho vigorarão até que a lei venha a disciplinar a contribuição sindical negocial, mas que, desde já, esta cobraria o exercício efetivo da negociação coletiva e a aprovação em assembleia-geral da categoria. A referida lei nunca foi editada, de modo que, para muitos, a contribuição negocial acabou — e continua — sendo interpretada sob as regras contidas nos arts. 578 a 610 da Legislação Obreira.

Contudo, ao que parece, a redação do art. 7º da Lei Federal n. 11.648/2008 quis dizer que, com a edição de uma lei sobre a contribuição sindical negocial, os arts. 578 a 610 da CLT deixariam de vigorar, isto é, seria revogada a contribuição sindical prevista em lei. O fato é que a Lei Federal n. 13.467/2017 não extinguiu a contribuição prevista em lei, apenas gravou-a com a cláusula geral de facultatividade.

A negociação coletiva e, corolariamente, a contribuição sindical negocial, aparentemente, nunca estiveram vinculadas às regras dos arts. 578 a 610 da CLT. Desse modo, a limitação à negociação coletiva seria encontrada dentro da Constituição da República, do estuário normativo supralegal e infraconstitucional sobre normas de indisponibilidade absoluta, e, contemporaneamente, nos casos específicos tratados pelo art. 611-B da CLT, que, no inciso XXVI, traz expressa vedação à negociação coletiva para instituir a cobrança compulsória de qualquer espécie de contribuição sindical aos trabalhadores.

As alíneas *b* e *e* do art. 513 da CLT, todavia, conferem ao sindicato a prerrogativa de impor contribuições a todos aqueles que integram a categoria por ele representada na negociação coletiva, e não apenas aos seus

---

(229) DELGADO, Mauricio Godinho. Op. cit., 2015. p. 113-118.

associados. Após o advento da Lei Federal n. 13.467/2017, as referidas alíneas devem ser sistematizadas à regra de que toda e qualquer contribuição, independentemente de sua natureza, é facultativa ao trabalhador.

A contribuição sindical negocial, por ter origem e supedâneo na negociação coletiva, não está vinculada ao critério da filiação sindical, interpretação esta que parece conciliar com os referenciados arts. 513, alíneas *b* e *e*, da CLT, art. 7º da Lei n. 11.648/2008, e com os arts. 7º, inciso XXVI e 8º, *caput*, e inciso VI da Constituição de 1988.

A interpretação da Seção de Dissídios Coletivos do TST, no entanto, por meio da OJ n. 17, é a de que toda e qualquer contribuição sindical só poderia ser cobrada compulsoriamente dos empregados sindicalizados. A aplicação dessa orientação jurisprudencial à norma coletiva que institui a contribuição sindical negocial é criticada por Mauricio Godinho Delgado[230], pois impacta o financiamento autônomo das entidades sindicais e não se ajusta à lógica do sistema constitucional trabalhista brasileiro, a partir do Texto de 1988, tampouco e, consequentemente, à lógica dos princípios da liberdade e da autonomia sindicais.

Sem uma interpretação constitucional conforme, após a edição da Lei n. 13.467/2017, somente a contribuição sindical estatutária escaparia à regra geral da facultatividade. A compulsoriedade seria regra apenas à contribuição sindical estatutária e, exclusivamente, em relação aos trabalhadores filiados, em função da relação *interna corporis* entre associado e associação, cuja interferência e intervenção estatal são vedadas.

A proibição para que a negociação coletiva estabeleça determinada fonte de custeio sindical obrigatória às categorias profissionais e econômicas compromete a organização sindical, a autonomia das partes sociais, o potencial normativo autônomo e o grau de participação dos sujeitos na vida jurídica e social, indo de encontro ao princípio da liberdade sindical.

Outra impropriedade da Lei n. 13.467/2017, que impacta na efetividade da negociação coletiva, é encontrada no § 3º do art. 8º da CLT, ao propor que o Judiciário só poderá examinar os requisitos formais do acordo coletivo e da convenção coletiva de trabalho.

O referido dispositivo passa a ideia de controlar o Poder Judiciário sobre interpretação e a aplicação das cláusulas normativas previstas em acordos coletivos e em convenções coletivas de trabalho, instituindo o que se denomina princípio da intervenção mínima do Judiciário no conteúdo de acordos e convenções coletivas de trabalho. Aparentemente, a Justiça do Trabalho poderia apenas examinar os elementos de existência (agentes, vontade, objeto

---

(230) DELGADO, Mauricio Godinho. Op. cit., 2015. p. 113-115.

e forma), de validade (agentes capazes, vontade livre, objeto lícito, possível, determinado ou determinável, forma prescrita ou não defesa em lei) e de eficácia (condição, termo ou encargo)[231], tratados no art. 104 do Código Civil.

Contudo, no estudo da validade dos negócios jurídicos no Direito Civil, ver-se-á que, por "objeto lícito", compreende-se o objeto previsto ou não proibido pela lei, e, consequentemente, em conformidade à Constituição Federal. Aliás, o próprio Direito Civil, de cunho eminentemente privatístico, é interpretado segundo a Constituição, em observância ao princípio da supremacia da Constituição, com vistas a concretizar os princípios da dignidade da pessoa humana, da solidariedade social e da igualdade.[232]

Desse modo, o § 3º do art. 8º da CLT não consegue, ao fim e ao cabo, formular efetiva resistência ao controle jurisdicional de validade e eficácia dos diplomas coletivos, ao erigir uma regra contra a independência institucional do Poder Judiciário e contra a sua função jurisdicional específica. A legitimidade da interpretação das cláusulas normativas em conformidade à Constituição Federal pelo Poder Judiciário está dentro da quadra do que se deve compreender por princípio da intervenção mínima na autonomia da vontade coletiva.

Outro equívoco do § 3º do art. 8º da CLT é equiparar a convenção coletiva ou acordo coletivo de trabalho a um contrato individual de natureza particular.

O direito do trabalho brasileiro é formado por sistema plurinormativo, costurado por normas heterônomas — e origem estatalista — e por normas autônomas — de origem negociada —, estas representadas pelo acordo coletivo de trabalho e pela convenção coletiva de trabalho. Esses diplomas coletivos, segundo a corrente mista, adotada majoritariamente pelos juslaboralistas[233], tem legitimidade e aptidão para produzir normas de caráter geral e abstrato a uma determinada categoria profissional ou a um determinado grupo de trabalhadores, por expressa autorização da Constituição Federal (art. 7º, incisos VI, XIII, XIV e XXVI).

As cláusulas normativas previstas em acordo coletivo de trabalho e convenção coletiva de trabalho não ostentam, dessa forma, a mesma natureza jurídica das cláusulas previstas em contratos individuais e particulares. Consoante pontua Guilherme Guimarães Feliciano[234], o contrato é fonte de obrigações, não de direito *in abstracto*, enquanto os acordos coletivos de trabalho e as convenções coletivas de trabalho regulam condições de trabalho

(231) Cf. TARTUCE, Flávio. *Manual de direito civil.* 2 ed. São Paulo: Método, 2012. p. 190-207.
(232) TARTUCE, Flávio. Op. cit., 2012. p. 190-207.
(233) Cf. SANTOS, Ronaldo Lima dos. Op. cit., 2007. p. 167-168.
(234) FELICIANO, Guilherme Guimarães. Op. cit., 2013. p. 160-161 e 174.

para uma generalidade indeterminada de pessoas, com imperatividade e vocação para disciplina de relações presentes e futuras, equiparando-se à lei.

Dessa forma, na condição de ato normativo em sentido formal e material, as cláusulas normativas instituídas em acordos coletivos de trabalho e em convenções coletivas de trabalho sujeitam-se, inclusive, ao controle de constitucionalidade difuso e concentrado.

E, conforme observam Gilmar Ferreira Mendes e Paulo Gustavo Gonet Branco[235], conquanto a interpretação conforme à Constituição apenas seja admissível se não configurar violência contra a expressão literal do texto e não alterar radicalmente o significado do texto normativo, fato é que, muitas vezes, esses limites não se apresentam claros e são difíceis de definir, pois, como em todo tipo de linguagem, os textos normativos normalmente padecem de certa indeterminação semântica e admitem uma multiplicidade de interpretações.

Lênio Streck[236] pondera que a possibilidade de múltiplas respostas da lei é resultado da cisão entre interpretação e aplicação, entretanto, adverte o referido doutrinador que interpretar e aplicar são coisas incindíveis, de modo que a tarefa do intérprete seria a de demonstrar onde a interpretação se "choca" com os limites da produção de sentido[237], já que o texto só será compreendido na sua norma, e a norma só será compreendida a partir do seu texto[238], conquanto essa significação (atribuição de sentido) só se realiza efetivamente a partir da relação (aplicação) de fato e Direito.[239]

Diferentemente do que propõe o § 3º do art. 8º da CLT, a interpretação de cláusulas normativas previstas em acordos e em convenções coletivas de trabalho é conferida ao Poder Judiciário com todos os métodos e todas as técnicas de hermenêutica, em especial, quanto aos aspectos de conformidade constitucional.

Não menos significativo foi a edição do parágrafo único do art. 444 pela Lei n. 13.467/2017. Com fundamento em um critério de renda salarial, estatui-se que o exercício do interesse individual do empregado sobrepõe o interesse coletivo reproduzido nos acordos coletivos de trabalho e nas convenções coletivas de trabalho. Considerando-se que o interesse coletivo prevalece sobre o interesse individual, a sobreposição da autonomia privada coletiva à autonomia privada individual e a imperatividade constitucional ao

---

(235) MENDES, Gilmar Ferreira. BRANCO, Paulo Gustavo Gonet. *Curso de direito constitucional*. 14. ed. São Paulo: Saraiva, 2019. p. 1489.
(236) STRECK, Lenio Luiz. *Verdade e consenso*. 6. ed. São Paulo: Saraiva, 2017. p. 367.
(237) *Ibid*., p. 368.
(238) *Ibid*., p. 369.
(239) *Ibid*., p. 372.

determinar o reconhecimento dos instrumentos coletivos de trabalho, a única interpretação plausível ao art. 444 da CLT é a de que a livre estipulação individual só prepondera sobre os instrumentos coletivos quando estes se apresentarem mais benéficos que a estipulação individual.

Outro grande destaque adveio com o § 3º do art. 614 da CLT, que veda a ultratividade aos acordos e convenções coletivos de trabalho, esvaziando o entendimento jurisprudencial consagrado na Súmula 277 do Tribunal Superior do Trabalho, o que, para uns, garante que a negociação coletiva seja genuinamente desenvolvida pela autonomia privada coletiva, e, para outros, fomenta que os empregadores não sejam estimulados à negociação coletiva.

Talvez, o destaque positivo da Lei n. 13.467/2017, em relação à negociação coletiva, tenha sido a tentativa de estabelecer a superioridade da fonte negocial perante a fonte estatal e, concomitantemente, de esclarecer quais seriam os temas permitidos ou não pela negociação coletiva.

Com a edição dos arts. 611-A e 611-B, como aparente reforço ao princípio previsto no inciso XXVI do art. 7º, de que o coletivamente negociado deve ser reconhecido sobre o legislado, foram estabelecidas as hipóteses salvaguardadas ao interesse coletivo e quais seriam as matérias consideradas de interesse público e, dessa forma, infensas à negociação coletiva.

Curiosamente, o arranjo normativo trazido pela Lei n. 13.467/2017, ao tempo em que aparentemente busca dar mais protagonismo e eficiência ao modelo sindical brasileiro por meio da negociação coletiva[(240)], desestrutura o sustento econômico das entidades sindicais ao proibir que a negociação coletiva crie contribuições obrigatórias às categorias profissionais e econômicas representadas no acordo coletivo de trabalho ou na convenção coletiva de trabalho.

Há um significativo impasse doutrinário e jurisprudencial sobre a natureza do rol previsto nos arts. 611-A e 611-B. Seria o rol taxativo ou exemplificativo? Teria o legislador esgotado as hipóteses em que o objeto é permitido ou proibido à negociação coletiva?

A resposta, provavelmente, será dada pela jurisprudência estabilizadora dos tribunais superiores, por meio de interpretação constitucional conforme, tendo em vista que, ao estabelecer um rol ao objeto, permitido e proibido, pela negociação coletiva, se está ao mesmo tempo limitando o próprio exercício da autonomia privada coletiva e, consequentemente, reduzindo a extensão das matérias salvaguardadas pelo interesse coletivo. Talvez, melhor fosse a previsão de um único artigo prevendo as matérias vedadas à negociação coletiva.

---

(240) COLUMBU, Francesca. MASSONI, Túlio de Oliveira. Op. cit., 2020. p. 400.

Fundamental, no entanto, que o quanto possível nítidas sejam as fronteiras entre a soberania do Estado, a autonomia coletiva dos particulares e a liberdade individual entre o Estado, o sindicato e os indivíduos.(241) E, neste ponto, é bem verdade que, superficialmente, o rol celetista apresenta determinada segurança jurídica sobre o que seriam normas de indisponibilidade relativa e normas de indisponibilidade absoluta para o âmbito da negociação coletiva, inclusive para que a jurisprudência realize uma interpretação constitucional conforme traga unidade e estabilidade sobre a matéria.

Por ora, os princípios da razoabilidade e da proporcionalidade tendem a orientar que o rol seria exemplificativo e que ainda se faz necessária a aplicação de um filtro de constitucionalidade nos incisos dos arts. 611-A e 611-B da CLT.

Em última análise, todo o problema em torno dos efeitos da Lei n. 13.467/2017 sobre a negociação coletiva passa pelo exame de sua finalidade, que, como visto no capítulo anterior, é a concretização da autonomia privada coletiva.

E o ponto de partida para efetiva concretização da negociação coletiva é o reconhecimento de que o Estado tem o dever de estabelecer as condições para que a negociação coletiva não seja considerada e praticada apenas como um fator do processo produtivo, sob sujeição apenas dos interesses do mercado, da economia e do capital. A negociação coletiva, sob a perspectiva da Constituição de 88, tem a lógica e o desiderato de desmercantilizar a relação de trabalho. O poder social constitucional conferido à negociação coletiva se destina a proteger a presença permanente dos valores sociais e humanísticos nas relações de trabalho.

Para Enoque Ribeiro dos Santos, os contornos dados à negociação coletiva pela Lei n. 13.467/2017 dão prioridade às circunstâncias e conveniências do empregador:

> "(...) O Direito do Trabalho, dessa forma, se despe de sua roupagem tutelar, protetiva, recua de sua missão secular de definir e regular as condições de trabalho, passando esse bastão à autonomia privada coletiva, surgindo daí um novo Direito do Trabalho, menos garantístico, mais neutro, mais brando, mais temperado e muito mais transacional. A bandeira da negociação coletiva de trabalho, que era empunhada especialmente pelos trabalhadores para agregar novos direitos à classe trabalhadora, agora passa a ser utilizada como que vocacionada a instrumento de adequação da lei às circunstâncias e conveniências do empregador. (...)"(242)

---

(241) NASCIMENTO, Amauri Mascaro. Op. cit., 2015. p. 387.
(242) SANTOS, Enoque Ribeiro dos. Op. cit., 2018. p. 189.

A reflexão sobre o poder da negociação coletiva e sua prevalência sobre o direito do trabalho legislado é ainda maior para os doutrinadores defensores da interpretação de que a negociação coletiva de trabalho se sujeita ao princípio do *favor laboratoris*. Para essa corrente doutrinária, a negociação coletiva não tem autorização para tratar direitos trabalhistas de forma menos favorável ao trabalhador e, consequentemente, quando resultar em desfavorecimento de qualquer hipótese, ela seria inconstitucional à luz do *caput* do art. 7º da Constituição de 1988. Em sentido oposto, Arion Sayão Romita interpreta que, a partir do princípio da democracia previsto no art. 1º da Constituição de 1988, no Estado Democrático de Direito, não há conflito entre a autonomia privada coletiva e a norma mais favorável, por inexistir possibilidade de antagonismo ou oposição entre o negociado e o legislado, incumbindo ao Estado promover as condições em que o negociado poderia expandir-se.[(243)]

Amauri Mascaro Nascimento[(244)], em análise a ordenamentos jurídicos similares ao do Brasil, observa que o problema do negociado e o legislado não tem na Itália e na Espanha os mesmos impactos aqui causados porque, naqueles países, a legislação trabalhista ocupa um espaço bem menor e os convênios coletivos, uma esfera maior, situação diretamente oposta da experimentada no Brasil, o que gera atritos inevitáveis entre a lei e os acordos coletivos e as convenções coletivas de trabalho.

Mas, além de tentar solucionar o dilema do negociado sobre o legislado, a Lei n. 13.467/2017 tentou resolver a coexistência temporal entre o acordo coletivo de trabalho e a convenção coletiva de trabalho, ao editar a nova redação do art. 620 da CLT, tema central objeto desta dissertação.

A prevalência da negociação coletiva do acordo coletivo de trabalho sobre a negociação coletiva da convenção coletiva de trabalho, até a edição da Lei n. 13.467/2017, era resolvida pela aplicação do diploma coletivo que, em seu conjunto, se revelasse como norma mais favorável ao trabalhador.

Vigendo simultaneamente um acordo coletivo de trabalho e uma convenção coletivo de trabalho, a norma heterônoma revogada presumia a existência de um conflito aparente entre as normas coletivas, a partir da premissa de que sempre deve vigorar a norma coletiva mais favorável ao trabalhador, o que era debatido pelas teorias do conglobamento e da acumulação, já estudadas no capítulo III desta dissertação.

Entre as diversas críticas à antiga redação do art. 620 da CLT, as principais eram a de que o acordo coletivo atenderia melhor às necessidades

---

(243) ROMITA, Arion Sayão. Op. cit., 2012. p. 79.
(244) NASCIMENTO, Amauri Mascaro. Op. cit., 2015. p. 121.

específicas dos trabalhadores e, notadamente, de que o texto criava insegurança jurídica sobre qual diploma coletivo aplicar, por ser o princípio da norma mais favorável um critério subjetivo, determinado a partir de uma análise jurisdicional casuística.(245)

Para Ricardo José Macedo de Brito Pereira *et al*, a nova redação do art. 620 da CLT passa a ideia de reconhecimento às várias dimensões da negociação coletiva no ordenamento jurídico brasileiro, privilegiando o nível de negociação do acordo coletivo sobre o nível de negociação da convenção coletiva:

> "(...) A convenção coletiva de trabalho representaria a ideia de interesses coletivos de nível superior — mas não no aspecto hierárquico ou qualitativo, e sim em relação à sua maior expansividade —, cujas cláusulas normativas são aplicadas indistintamente a toda categoria profissional representada pelas respectivas entidades sindicais, bem como cuja gênese da negociação coletiva é consubstanciada em um determinado nível de autonomia privada coletiva e de liberdade sindical. O acordo coletivo de trabalho representaria a ideia de interesses coletivos de nível inferior — mas não no aspecto hierárquico ou qualitativo, e sim em relação à sua menor expansividade —, cujas cláusulas normativas são aplicadas ao empregador e aos empregados representados pelo sindicato de sua categoria, bem como cuja gênese da negociação coletiva é consubstanciada em um determinado nível de autonomia privada e de liberdade sindical. A própria coexistência de um ACT e de uma CCT pressupõe interesses coletivos representados em diferentes níveis, como também de autonomia privada coletiva e de liberdade sindical exercidas correspondentemente em diferentes níveis. Os interesses coletivos da negociação coletiva do ACT poderiam ser subsidiários, supletivos, parcialmente contrários ou absolutamente contrários aos interesses coletivos da negociação coletiva da CCT. A nova redação do art. 620 da CLT instrumentalizara a descentralização da negociação coletiva, buscando garantir aos espaços existentes nesses diferentes níveis maior abertura à inclusão e à representação dos interesses coletivos de nível inferior, o que estaria acolhido pelo conceito de democracia multidimensional do Estado Democrático de Direito, no sentido de dar voz aos interesses coletivos de grupos ou espaços menores, funcionando assim como veículo de afirmação e de construção da cidadania

(245) PEREIRA, Ricardo José Macedo de Brito; CUNHA, Cristine Helena; BERKEMBROCK, Leonardo Henrique. Op. cit., 2020. p. 234.

através do trabalho. Sob este prisma, de que o ACT seria um instrumento apto a garantir os interesses coletivos não representados na CCT, e ponderando que o sindicato profissional legitimado para firmar ambos os instrumentos é o mesmo, o art. 620 da CLT parece conciliar-se com os verbetes 1364, 1399, 1404, 1406, 1407, 1409 e 1412, por meio de seu Comitê de Liberdade Sindical, ao privilegiar o nível de negociação eleito em comum acordo pelas partes. (...)"(246)

A nova redação do art. 620 da CLT, no entanto, não cria apenas uma regra nova sobre a vigência simultânea da convenção coletiva e do acordo coletivo de trabalho, estatui um novo fundamento de eficácia aos referidos diplomas coletivos, o que será objeto de exame no próximo capítulo, o último deste estudo.

---

(246) PEREIRA, Ricardo José Macedo de Brito; CUNHA, Cristine Helena; BERKEMBROCK, Leonardo Henrique. Op. cit., 2020. p. 234.

CAPÍTULO 5

ACORDO COLETIVO E CONVENÇÃO COLETIVA DE TRABALHO

5.1. Definição

A tentativa de definir um fenômeno, uma coisa ou um instituto consiste na atividade de imaginar e descrever as estruturas essenciais que os revelam e os identificam como únicos.

Mauricio Godinho Delgado[(247)] assinala que a tentativa de definir um fenômeno ou conceituá-lo é realizada a partir de uma atividade intelectual que imagina revelar os elementos componentes do fenômeno sob análise com a relação lógica que os mantém integrados, isto é, uma análise que identifica a essência e a composição de um determinado fenômeno ou de uma determinada coisa.

Ao definir o acordo coletivo e a convenção coletiva, Amauri Mascaro Nascimento[(248)] elenca os seguintes elementos componentes que, segundo o doutrinador, estão definidos na própria lei: a) a natureza autocompositiva e consensual; b) a natureza de norma jurídica; c) os sujeitos que participam da negociação; d) os seus níveis, que são dois, a categoria e a empresa; e) o seu conteúdo; f) o seu âmbito de aplicação. Todos esses elementos têm como base lógica a negociação coletiva e estão por ela conectados.

Contudo, não se vê com frequência o exame do acordo coletivo e da convenção coletiva a partir da negociação coletiva como a base lógica que mantém integrados todos os demais elementos que compõe os referidos diplomas coletivos, e que, assim, estabelece a individualidade de cada um. Jean-Paul Sartre[(249)], ao discutir filosoficamente a imaginação, diz que, por essência, não se entende apenas a estrutura de alguma coisa, mas também a sua individualidade.

---

(247) DELGADO, Mauricio Godinho. Op. cit., 2015. p. 543.

(248) NASCIMENTO, Amauri Mascaro. Op. cit., 2011. p. 1382-1383.

(249) SARTRE, Jean-Paul. *A imaginação.* Trad. Paulo Neves. Porto Alegre: L&PM Pocket, 2011. p. 8.

A Organização Internacional do Trabalho, na Recomendação 91[(250)], de 1951, utiliza a expressão 'contrato coletivo' para denominar o instrumento normativo coletivo resultante da negociação coletiva, definindo-o como todo acordo escrito relativo às condições de trabalho e emprego, celebrado entre um empregador, um grupo de empregadores ou uma ou várias organizações de empregadores, por um lado, e, por outro, uma ou várias organizações representativas de trabalhadores ou, na ausência de tais organizações, representantes dos trabalhadores interessados, devidamente eleitos e autorizados por estes últimos, de acordo com a legislação nacional.

A expressão 'contrato coletivo de trabalho' é largamente utilizada em diversos países, pois, antes do reconhecimento da organização sindical pelo ordenamento jurídico, o denominado 'contrato coletivo' nascia na Europa como contrato de tarifa, aplicável a todos os empregados da fábrica, os quais escolhiam seus representantes para que entabulassem negociações com os dirigentes da empresa para se fixar melhor remuneração aos trabalhadores, existindo aí um verdadeiro mandato dos operários aos seus representantes. Com o desenvolvimento da organização sindical e da negociação coletiva, o contrato coletivo deixou de se circunscrever somente à remuneração, ampliando-se para todo e qualquer aspecto da relação de trabalho, daí as denominações contrato coletivo de trabalho e contrato coletivo.[(251)] Outras denominações são encontradas: convênios coletivos, regulamento coletivo, acordo intersindical e regulamento intersindical.[(252)]

No Brasil, a redação originária do art. 611 da CLT tratava o resultado da negociação coletiva sob a denominação de "contrato coletivo de trabalho", definindo-o como o convênio de caráter normativo pelo qual dois ou mais sindicatos representativos de categorias econômicas e profissionais estipulam condições que regerão as relações individuais de trabalho, no âmbito da respectiva representação.[(253)] O referido art. 611 era o primeiro dispositivo do Título VI da CLT, à época intitulado "Do contrato coletivo de trabalho".

---

(250) Cf. Organización Internacional del Trabajo (OIT), "A los efectos de la presente Recomendación, la expresión contrato colectivo comprende todo acuerdo escrito relativo a las condiciones de trabajo y de empleo, celebrado entre un empleador, un grupo de empleadores o una o varias organizaciones de empleadores, por una parte, y, por otra, una o varias organizaciones representativas de trabajadores o, en ausencia de tales organizaciones, representantes de los trabajadores interesados, debidamente elegidos y autorizados por estos últimos, de acuerdo con la legislación nacional." OIT. Disponível em: <https://www.ilo.org/dyn/normlex/es/f?p=NORMLEXPUB:12100:0::NO:12100:P12100_INSTRUMENT_ID:312429:NO>. Acesso em: 03 mar. 2022.

(251) PRADO, Roberto Barreto. Op. cit., 1967. p. 720.

(252) NASCIMENTO, Amauri Mascaro. Op. cit., 2011. p. 1382-1380.

(253) Cf. CLT (1943): "Art. 611. Contrato coletivo de trabalho é o convênio de caráter normativo pelo qual dois ou mais sindicatos representativos de categorias econômicas e profissionais estipulam condições que regerão as relações individuais de trabalho, no âmbito da respectiva representação." (BRASIL. Op. cit., 1943).

A Organização Internacional do Trabalho utilizava a denominação "contrato coletivo" e a Constituição Federal de 1937, em seu art. 137, alíneas "*a*" e "*b*", valia-se da denominação "contrato coletivo de trabalho".

Doravante, o Decreto-lei n. 229, de 28.02.1967, intitulou o Título VI de "Convenções Coletivas de Trabalho" e trouxe nova redação ao art. 611, o qual deixou de utilizar a expressão "contrato coletivo de trabalho" e passou às denominações 'convenção coletiva de trabalho' e 'acordo coletivo de trabalho'.

Mesmo depois da alteração legislativa em 1967, vários juslaboralistas brasileiros, a exemplo de Antônio Ferreira Cesarino Júnior, que, embora tenha ressalvado que todas as expressões seriam apropriadas, preferia utilizar a denominação contrato coletivo de trabalho ao argumento de que esta seria a melhor a designar o seu caráter de oposição ao contrato individual do trabalho, sendo o 'contrato coletivo de trabalho típico', o celebrado entre sindicatos; e o contrato 'coletivo atípico', o celebrado entre o sindicato dos trabalhadores e o empregador.[(254)] O contrato coletivo de trabalho típico seria, assim, a convenção coletiva de trabalho, e o contrato coletivo de trabalho atípico, o acordo coletivo de trabalho.

Roberto Barreto Prado[(255)], em 1967, no entanto, refletia que a expressão convenção coletiva seria a melhor denominação a ser utilizada, pois, diferentemente de um contrato individual, o negócio jurídico resultante da negociação coletiva outorga novas condições de trabalho que deverão ser obedecidas pelos empregados e empregadores, ainda que contra sua vontade.

Atualmente, superado o debate terminológico, este estudo considera que o acordo coletivo e a convenção coletiva de trabalho têm, em suas estruturas, elementos comuns e elementos próprios. Consequentemente, apresentam individualidades, a principal delas, a negociação coletiva que origina cada qual.

A negociação coletiva é um processo social reconhecido pelo ordenamento jurídico para solução dos conflitos trabalhistas. Os interesses coletivos, em contraponto, encontram no processo coletivo negocial os caminhos do consenso, do avanço, do retrocesso, da conquista e da renúncia. É um fenômeno genuinamente social e econômico com elevada importância jurídica. Nos estados democráticos, é o principal instrumento do pluralismo jurídico e, ao mesmo tempo, a principal forma de solução de conflitos trabalhistas sem a intervenção do Estado. Segundo Amauri Mascaro Nascimento:

> "(...) Os conflitos trabalhistas nascem em um conjunto de circunstâncias fáticas, basicamente econômicas, que alteram o

---

(254) CESARINO JÚNIOR, Antônio Ferreira. Op. cit., 1970. p. 158-160.
(255) PRADO, Roberto Barreto. Op. cit., 1967. p. 721.

equilíbrio das relações entre os trabalhadores e os empresários, causando a insatisfação daqueles quanto ao direito existente e que entendem não mais corresponder às pretensões que julgam cabíveis para que possam continuar fornecendo a energia de trabalho aproveitada no interesse da produção. (...)"(256)

Ocorre que o conflito trabalhista coletivo entre a livre iniciativa e o trabalho, dentro de um mesmo grupo, pode apresentar um conjunto de circunstâncias fáticas que, embora coletivas, não se apresentam necessariamente uniformes, unânimes ou majoritárias, em especial no Brasil, onde a identificação do grupo se dá por imposição do Estado com o sistema de representação sindical, por meio de categorias profissionais e econômicas.

Em um país em que vários estados e municípios têm a dimensão territorial equiparada ou superior à de muitos países, compostos por diversidades culturais, sociais e econômicas, o conflito coletivo solucionado na negociação que resulta numa convenção coletiva nem sempre será completamente suficiente à toda a categoria, especialmente porque o direito coletivo do trabalho brasileiro considera a própria empresa um ser coletivo, isto é, um microssistema coletivo próprio de relações do trabalho.

Disso decorre que a autonomia privada coletiva que consubstancia o acordo coletivo é própria, autônoma e, desde sempre, formou distintos pilares no processo social dialógico de solução do conflito coletivo do trabalho. No acordo coletivo, a negociação coletiva tem menor expansividade e representa o interesse coletivo de uma parcela de uma categoria, um grupo ou um subgrupo. Na convenção coletiva, a negociação coletiva tem maior expansividade e representa o interesse coletivo unânime ou majoritário de um grupo ou uma categoria.

A autonomia privada coletiva sustenta a posição jurídica de que o acordo coletivo de trabalho e a convenção coletiva de trabalho, na sua origem, têm natureza contratual e, corolariamente, as obrigações e os deveres criados fundam-se no ideal de reciprocidade. Ocorre que esse ideal de reciprocidade é complexo numa relação negocial em que os interesses em conflito são coletivos. As obrigações, os deveres e os benefícios negociados coletivamente podem não ser verdadeiramente recíprocos a todo o grupo ou categoria. Nessa hipótese, o interesse coletivo não atendido poderá ser objeto de uma negociação coletiva com nível menor de eficácia e expansividade.

Amauri Mascaro Nascimento(257) destaca que, no Brasil, a negociação coletiva desemboca em dois tipos de instrumentos jurídicos que formalizam

(256) NASCIMENTO, Amauri Mascaro. Op. cit., 2011. p. 1355.
(257) NASCIMENTO, Amauri Mascaro. Op. cit., 2015. p. 461.

o entendimento conclusivo entre as partes: a convenção coletiva de trabalho, mais ampla; e o acordo coletivo de trabalho, de esfera de aplicação menor.

A individualidade do acordo coletivo e da convenção coletiva foi destacada no inciso XXVI do art. 7º da Constituição Federal de 1988, quando se estabelece como direito social fundamental o reconhecimento das convenções coletivas e dos acordos coletivos de trabalho.

Essa individualidade orienta a interpretação de todo o sistema normativo infraconstitucional, especialmente, do microssistema normativo formado pela negociação coletiva. Se duas são as formas de materialização da negociação coletiva, no mínimo, duas serão as dimensões possíveis para a solução consensual autônoma do conflito coletivo do trabalho.

Embora o acordo coletivo e a convenção coletiva tenham o mesmo fundamento de validade constitucional, não quis o constituinte originário estabelecer as suas estruturas, identificar expressamente os elementos componentes de cada um ou destacar as suas individualidades. Tais peculiaridades são encontradas na Consolidação das Leis do Trabalho, na doutrina e na jurisprudência.

O que disse o constituinte é que o acordo coletivo e a convenção coletiva são duas formas de representação do produto social da negociação coletiva e que ambos decorrem da mesma fonte constitucional, tendo assim a mesma hierarquia normativa e devem ser igualmente reconhecidos como fontes normativas. Nada foi dito sobre a interação entre o acordo coletivo e a convenção coletiva, conquanto a Constituição de 1988 naturalmente a pressuponha, mas sem qualquer indicação de relação fundada em hierarquia, vigência temporal, especialidade ou, principalmente, conflitualidade entre eles.

Observa Mauricio Godinho Delgado(258) que, em diversos países ocidentais, há distintos diplomas negociais, que guardam, em comum, importantes características estruturais, mas sempre trazendo particularidades em face das circunstâncias sociojurídicas próprias a cada experiência histórica individualizada.

Ronaldo Lima dos Santos(259) pontua que essa distinção entre o acordo coletivo de trabalho e a convenção coletiva do trabalho é típica do direito brasileiro, ao passo que, no direito comparado, a regra é utilizar a mesma denominação para as normas coletivas e estabelecer a diferenciação pela análise dos sujeitos pactuantes, do conteúdo ou da finalidade reservada a cada norma no ordenamento jurídico.

---

(258) DELGADO, Mauricio Godinho. Op. cit., 2015. p. 1472-1473.
(259) SANTOS, Ronaldo Lima dos. Op. cit., 2007. p. 152.

Neste estudo, sugere-se que a estrutura comum entre o acordo coletivo e a convenção coletiva repousa na natureza jurídica normativa autônoma, na origem pela autonomia privada coletiva, no caráter coletivo do interesse representado e na finalidade regulatória, abstrata e impessoal, das condições de trabalho de um grupo. Com base nessas características comuns, o acordo coletivo e a convenção coletiva podem ser definidos como o negócio jurídico social e coletivo cuja finalidade é a criação de regras abstratas e impessoais destinadas a regular as condições de trabalho de um determinado grupo.

Em função desses pontos de identidade, Ronaldo Lima dos Santos[(260)] considera inexistir uma diferença essencial entre o acordo coletivo e a convenção coletiva. Para o referido doutrinador, a diferença existente se dá apenas quanto aos sujeitos pactuantes e em relação à sua abrangência. A convenção coletiva seria um pacto intersindical — sindicato dos empregados e sindicato dos empregadores — aplicado a todos os empregados e empregadores representados por seus respectivos sindicatos; enquanto o acordo coletivo, um pacto entre o sindicato dos trabalhadores e um ou mais empregadores, aplicado aos empregados representados pelo sindicato e aos empregadores que firmaram o diploma.

Sérgio Pinto Martins[(261)] propõe que, em verdade, só existiria a convenção coletiva de trabalho, pois o acordo coletivo de trabalho nada mais é do que uma espécie de convenção coletiva de trabalho, cujo propósito é o de atender a peculiaridades e situações particulares da empresa.

No entanto, neste estudo, propõe-se que a essência e a individualidade do acordo coletivo e da convenção coletiva não são reveladas numa análise descritiva das partes pactuantes e do âmbito de eficácia de cada um. Esse tipo de análise revela distinções de aparência, mas não de essência. A essência desses diplomas coletivos — e, desse modo, a individualidade — exige que a investigação ocorra a partir da negociação coletiva, onde repousa o fundamento de existência, de validade e de eficácia do acordo coletivo e da convenção coletiva.

Ao definir a negociação coletiva como ponto de partida para compreender a essência do acordo coletivo de trabalho e da convenção coletiva de trabalho, ver-se-á que ambos têm o mesmo gênero, mas se tratam de espécies distintas.

A negociação coletiva, como uma esfera de produção normativa a diversos grupos sociais trabalhistas, estrutura-se no tripé principiológico da liberdade sindical, da autonomia privada coletiva e da representação sindical.

---

(260) SANTOS, Ronaldo Lima dos. Op. cit., 2007. p. 153-154.
(261) MARTINS, Sérgio Pinto. Op. cit., 2008. p. 800.

A liberdade sindical desenvolve a autonomia coletiva conectando-a com o ordenamento jurídico, e estimula a intervenção positiva do Estado para garantir a ação sindical.[262] A representação sindical desenvolve o interesse coletivo e fomenta a produção de normas coletivamente negociadas para regulação das condições de trabalho. Essa engrenagem principiológica funciona de modo próprio e particularizado na criação do acordo coletivo de trabalho e da convenção coletiva de trabalho, tendo em vista que estes três princípios basilares atuam de forma e em dimensões distintas na origem do acordo coletivo e da convenção coletiva.

A Constituição de 1988, ao que parece, estava atenta a essa característica, ao impor o reconhecimento do acordo coletivo e da convenção coletiva. No seu inciso XXVI do art. 7º, ao mesmo tempo, reconhece a necessidade de atuação positiva do Estado-legislativo para garantir a ação sindical por meio da negociação coletiva — ao impor o reconhecimento dos instrumentos coletivos — e prevê que a tutela do interesse coletivo pode ocorrer em diferentes níveis — ao estatuir duas formas autônomas de solução do conflito coletivo.

Desse modo, os elementos que compõem o acordo coletivo e a relação lógica que o mantém integrado não são absolutamente os mesmos da convenção coletiva de trabalho.

Ao reconhecer a individualidade dos referidos diplomas coletivos, a Constituição de 1988 confere ao sindicato condições para uma atividade sindical concreta e efetiva na negociação coletiva. Em função dessa individualidade e dessa definição sobre o que é um acordo coletivo e uma convenção coletiva, extraída sob a premissa de que a essência de cada um se encontra na negociação coletiva, este estudo propõe que o novo art. 620 da CLT, com redação da Lei n. 13.467/2017, é mais uma ação positiva do Estado-legislativo para construção de outro paradigma sobre a regulação da liberdade sindical na negociação coletiva. Um paradigma que se afasta de um modelo intervencionista e se aproxima do modelo 'abstencionista' ou de 'autonomia privada coletiva pura'[263], guardadas as peculiares características do modelo sindical corporativista brasileiro, tais como a unicidade sindical e o sistema de representação por categorias.

---

(262) SILVA, Sayonara Grillo Coutinho Leonardo da. Op. cit., 2008. p. 104.

(263) URIARTE, Oscar Ermida *apud* MASSONI, Túlio de Oliveira: "Ao tratar das atitudes que os direitos positivos adotam ante o tema geral da liberdade sindical, Oscar Ermida Uriarte concebe três grandes modelos: um modelo abstencionista ou de autonomia coletiva pura, um modelo intervencionista e o modelo de países socialistas, hoje não mais existentes. No primeiro modelo, fundado na concepção pluralista de sociedade, 'os sindicatos se autoconstituem e se auto-regulam, prescindindo das normas estatais, salvo alguns princípios constitucionais necessariamente muito gerais. No modelo intervencionista ou regulamentar, por sua vez, o Estado regula unilateral e heteronomamente a liberdade sindical, incluídos os direitos sindicais individuais, a organização sindical e a atividade sindical." (MASSONI, Tulio de Oliveira. *Representatividade sindical*. São Paulo: LTr, 2007. p. 77-78).

Nesse novo modelo de interação, que, desde sempre, foi pressuposto pelo inciso XXVI do art. 7º da Constituição Federal, não há conflito normativo e não há antinomia entre o acordo coletivo e a convenção coletiva. Quando coexistem no tempo, ambos apenas representam negociações coletivas próprias e autônomas dentro de um mesmo grupo.

Dentro desse novo paradigma de liberdade sindical, o acordo coletivo é definido como negócio jurídico produzido pela manifestação da autonomia privada coletiva voltada a atender interesses coletivos distintos daqueles que impulsionaram a convenção coletiva de trabalho.

Esse novo paradigma proposto pela nova redação do art. 620 da CLT é, simultaneamente, um reconhecimento à liberdade de auto-organização do grupo e à liberdade de negociação coletiva.

Este estudo não ignora, como adverte Túlio de Oliveira Massoni[(264)], que a liberdade sindical é uma liberdade complexa, não só em relação aos seus conteúdos, mas também em seus objetivos e manifestações potenciais, que são múltiplos e, em diversos momentos históricos, podem contrapor a própria ordem jurídica, todavia, a prevalência do acordo coletivo sobre a convenção coletiva, em razão da estrutura e da individualidade de cada um, que só pode ser identificada na negociação coletiva, é uma decisão que, ao fim e ao cabo, pertence agora exclusivamente à atividade sindical dos trabalhadores.

Conclui-se que a nova redação do art. 620 da CLT maximizou a liberdade sindical e, consequentemente, a representação sindical, tornando livre a negociação coletiva em seus diferentes níveis.

5.1.1. Acordo coletivo de trabalho

Segundo o § 1º do art. 611 da CLT, o acordo coletivo é um pacto facultativo entre o sindicato dos trabalhadores de determinada categoria profissional com uma ou mais empresas da correspondente categoria econômica, apto a estipular condições de trabalho, aplicáveis no âmbito da empresa ou das acordantes respectivas relações de trabalho.

Infere-se do mencionado dispositivo normativo que não é necessária a presença da entidade sindical representativa do empregador — categoria profissional econômica — para a negociação coletiva e a legitimação do acordo coletivo de trabalho.

Um pouco à frente, a CLT, no art. 617, com redação dada pelo Decreto-lei n. 229, de 28 de fevereiro de 1967, autoriza que os trabalhadores

---

(264) MASSONI, Tulio de Oliveira. *Representatividade sindical*. São Paulo: LTr, 2007. p. 76.

podem assumir diretamente a titularidade da negociação coletiva quando o sindicato, a federação ou a confederação, sucessivamente convidadas, se recusarem a assumi-la.

A ausência da entidade sindical na negociação coletiva e na subscrição do acordo coletivo de trabalho apresentou-se contraditória com a Constituição Federal de 1988, que, no inciso VI do art. 8º, impõem categoricamente a obrigatoriedade da participação dos sindicatos nas negociações coletivas de trabalho. Para muitos juslaboralistas, isso significa que o acordo coletivo de trabalho teria sido invalidado desde então.

Observa Mauricio Godinho Delgado, no entanto, que foi pacificado o entendimento de que a participação obrigatória da entidade sindical no acordo coletivo de trabalho seria restrita aos sindicatos dos trabalhadores, porque o empregador, pela sua própria natureza, já é considerado um ser coletivo:

> "(...) Como se percebe, no ACT, não é necessária a presença do sindicato no polo empresarial de contratação, embora seja imprescindível que pactuação obreira se firme por intermédio do respectivo sindicato. Hoje se pacificou o entendimento de que a Constituição de 1988, ao considerar obrigatória a participação dos sindicatos nas negociações coletivas de trabalho (art. 8º, VI, CF/88), não se referiu a sindicato de empregadores, mas apenas à entidade sindical obreira. É que o empregador, por sua própria natureza, já é um ser coletivo (já estando, portanto, naturalmente encouraçado pela proteção coletiva), ao passo que os trabalhadores apenas adquirem essa qualidade mediante sua atuação coletiva mesmo. Portanto, não houve invalidação do instituto do acordo coletivo a contar da vigência da nova Constituição. (...)"[265]

O entendimento mencionado por Mauricio Godinho Delgado parece correto, especialmente quando se examina a Constituição Federal de 1988 em sua unidade, já que, embora o inciso VI do art. 8º da CF/1988, imponha a participação obrigatória dos sindicatos nas negociações coletivas, no inciso XXVI do art. 7º, a mesma Constituição impõe, com igual contundência, o reconhecimento do acordo coletivo e da convenção coletiva de trabalho.

A CLT, por sua vez, no art. 616, proíbe os entes legitimados de se recusarem à negociação coletiva, quando provocados pelos interessados, prevendo, no § 1º do mencionado dispositivo, procedimento administrativo específico para convocação compulsória à negociação coletiva.

---

(265) DELGADO, Mauricio Godinho. Op. cit., 2015. p. 165.

Assim, no acordo coletivo de trabalho, de um lado, o próprio empregador será o titular da negociação coletiva, enquanto, noutro lado, o titular será a entidade sindical dos trabalhadores correspondente (sindicato, federação ou confederação).

Alice Monteiro de Barros compartilhava essa mesma interpretação ao sistematizar o art. 7º, inciso XXVI, com o art. 8º, inciso VI, da CF/1988:

> "(...) Apesar de o citado inciso VI do art. 8º fazer alusão a sindicatos, no plural, vem-se entendendo que a participação obrigatória nas negociações refere-se ao sindicato profissional e é uma decorrência do princípio da tutela, que só se aplica ao empregado. Daí se infere que o sindicato patronal não necessita de participação obrigatória na negociação, mesmo porque a celebração do acordo coletivo (entre empregados e empresas), com eficácia interpartes, prescinde-se da presença do sindicato patronal. A se exigir a presença desse sindicato, os acordos coletivos se inviabilizariam, e, como é sabido, a Constituição da República os manteve (art. 7º, XXVI). (...)"[266]

Ao definir o acordo coletivo de trabalho como o pacto de caráter normativo em que um sindicato representativo de certa categoria profissional e uma ou mais empresas da correspondente categoria econômica ajustam condições de trabalho aplicáveis, no âmbito das respectivas empresas, às relações individuais de trabalho, Mauricio Godinho Delgado não inclui os trabalhadores como entes diretamente legitimados a pactuarem o acordo coletivo de trabalho, mas apenas os empregadores, indicando sua interpretação no sentido de que o art. 617 da CLT não foi recepcionado pela Constituição Federal de 1988.[267]

Neste estudo, defino o acordo coletivo de trabalho como o pacto de caráter normativo, instituído necessariamente pela negociação coletiva, cuja legitimidade é conferida, de um lado, a uma ou mais entidades sindicais dos trabalhadores e, do outro lado, a um ou mais empregadores, tendo por finalidade a regulação de condições de trabalho, restritamente aplicável aos empregadores e aos empregados da categoria profissional representada pela correspondente entidade sindical.

Como a negociação coletiva que resulta na edição do acordo coletivo de trabalho é estabelecida entre o sindicato dos trabalhadores e um ou mais empregadores, o pacto normativo terá eficácia a um ou mais estabelecimentos ou a um ou mais setores de um ou mais empregadores, consequentemente, a representação e a solução do conflito coletivo apresentam dimensão e abrangência menores.

---

(266) BARROS, Alice Monteiro. Op. cit., 2016. p. 814.
(267) DELGADO, Mauricio Godinho. Op. cit., 2015. p. 165.

E o fato de a Constituição Federal e a Consolidação das Leis do Trabalho estruturarem o acordo coletivo de trabalho para determinados sujeitos legitimados com específico âmbito de eficácia obrigacional e normativa, ocorre justamente porque essas duas características estão atadas a uma negociação coletiva concebida como própria e particularizada.

A previsão específica do acordo coletivo de trabalho na Constituição Federal e na Consolidação das Leis do Trabalho desvela que a negociação coletiva, no ordenamento jurídico brasileiro, pode ser articulada em níveis e ser descentralizada dentro das próprias categorias, profissional e econômica, sem qualquer relação de conflitualidade entre os diplomas coletivos resultantes.

5.1.2. Convenção coletiva de trabalho

A CLT, no *caput* do seu art. 611, define a convenção coletiva de trabalho como o acordo de caráter normativo, pelo qual dois ou mais sindicatos representativos de categorias econômicas e profissionais estipulam condições de trabalho aplicáveis, no âmbito das respectivas representações, às relações individuais de trabalho.

Na lição de Alice Monteiro de Barros, a convenção coletiva de trabalho seria uma instituição do Direito Coletivo do trabalho, que traduz um ajuste entre entidades sindicais visando a novas condições de trabalho, cuja eficácia é *erga omnes*.(268)

Mauricio Godinho Delgado(269) assinala que a convenção coletiva de trabalho resulta da negociação coletiva entre entidades sindicais dos respectivos empregados e empregadores, envolvendo o âmbito de toda a categoria e, assim, incidindo em universo mais amplo, caracterizado pela base profissional e econômica representada pelos respectivos sindicatos.(270)

De acordo com o art. 517 da CLT, aplicado em conformidade com o art. 8º, inciso II, da CF/1988, o sindicato poderá ter base territorial municipal, intermunicipal, estadual, interestadual e nacional. Embora haja, no referido art. 517, a previsão de base territorial distrital, o inciso II do mencionado art. 8º estatui que a base territorial não poderá ser inferior à área territorial de um município. Por base territorial, compreende-se o espaço geográfico em que o sindicato representa uma determinada categoria profissional ou econômica.

---

(268) BARROS, Alice Monteiro. Op. cit., 2016. p. 1260.
(269) DELGADO, Mauricio Godinho. Op. cit., 2015. p. 165-168.
(270) *Id., Ibid.*

Disso resulta que, por ser um pacto intersindical — associado à unicidade sindical e à representação por categorias que estruturam o modelo sindical brasileiro — há menos chances e mais dificuldades de a convenção coletiva efetivamente solucionar, de modo unânime ou majoritário, o conflito coletivo do trabalho para todo o grupo ou para toda a categoria.

5.2. Natureza jurídica

De acordo com Túlio de Oliveira Massoni[(271)], indagar a natureza de algo é perguntar sua essência, pelo seu ser, por aquilo que consiste. Para Ronaldo Lima dos Santos[(272)], ao determinar a natureza jurídica de um instituto, permite-se identificar qual o conjunto de regras e princípios que lhe são aplicáveis. Consequentemente, ao se determinar a natureza jurídica contratual do acordo coletivo e da convenção coletiva, estar-se-á afastando a possibilidade de se recorrer à analogia para a aplicação desses diplomas coletivos, pois esse método de integração do Direito só seria aceitável caso fosse considerado que o acordo coletivo e a convenção coletiva tenham natureza jurídica de lei.

O problema de determinar a natureza jurídica do acordo coletivo e da convenção coletiva surge em virtude de sua eficácia ultracontraentes, isto é, sua eficácia para além dos contratantes.

Conquanto não seja propriamente uma lei, diferentemente de um contrato individual, em que as cláusulas obrigacionais regulam direitos concretos e pessoais e só se aplicam aos contratantes, no acordo coletivo e na convenção coletiva, as cláusulas são destinadas a regular as condições de trabalho de forma geral e abstrata, e serão aplicadas a todos os empregados e empregadores integrantes da relação jurídica coletiva de trabalho.[(273)]

Neste ponto, observa Mauricio Godinho Delgado[(274)], a particularidade do acordo coletivo e da convenção coletiva como negócios jurídicos celebrados por sujeitos privados com o condão de produzir regras jurídicas, e não apenas cláusulas obrigacionais, apresentando-se como verdadeiros pactos de vontades privadas dotados de poder de criação de normas jurídicas.

A natureza jurídica de um acordo coletivo ou de uma convenção coletiva dependerá do ordenamento jurídico de onde eles se encontram. Se a

(271) MASSONI, Tulio de Oliveira. Op. cit., 2007. p. 81.
(272) SANTOS, Ronaldo Lima dos. Op. cit., 2007. p. 154.
(273) CESARINO JÚNIOR, Antônio Ferreira. Op. cit., 1970. p. 158-161.
(274) DELGADO, Mauricio Godinho. Op. cit., 2015. p. 194.

tendência for publicística, a influência predominante será pela defesa da natureza normativista. Se a tendência for privatística, a influência predominante será pela defesa da natureza jurídica contratualista.

Amauri Mascaro Nascimento[(275)] explica que o corporativismo publicizou os sindicatos e o interesse coletivo, atribuindo eficácia *erga omnes* às convenções coletivas, enquanto o liberalismo privatizou os sindicatos e as categoriais, fazendo das convenções coletivas contratos de direito comum. No Brasil, predomina o entendimento de que o acordo coletivo e a convenção coletiva têm, na origem, natureza contratual, e, no efeito, natureza normativa.

Esse entendimento é explicitado pela 'teoria mista', a qual atribui ao acordo coletivo e à convenção coletiva a natureza de 'contrato-ato-regra'; natureza 'contratual', em razão do ajuste de vontades sindicais, e natureza de 'ato-regra', pela eficácia obrigatória a todos os integrantes do grupo ou categoria, independentemente da condição de associados ao sindicato.[(276)]

Na tentativa de definir a natureza jurídica do acordo coletivo e da convenção coletiva, existem ao menos quatro correntes teóricas significativas: a contratualista, a extracontratualista, a normativista e a mista.

5.3. Teorias

5.3.1. Corrente teórica contratualista

As teorias contratualistas são inspiradas em regras, princípios e conceitos clássicos do direito civil sobre a autonomia da vontade. Surgiram na Europa Ocidental, no período anterior à Primeira Guerra Mundial, com o objetivo de explicar o fenômeno da contratação coletiva sobre condições de trabalho, costumeiramente empregada por trabalhadores e empregadores.[(277)] Sustentam o caráter obrigacional dos acordos coletivos e das convenções coletivas como resultado da autonomia privada dos particulares.

O acordo coletivo e a convenção coletiva seriam um contrato de direito comum com as formas tradicionais do direito civil.[(278)] Demonstram-se incompletas e incapazes de explicar o caráter normativo da convenção coletiva de trabalho, especialmente o seu caráter compulsório aos indivíduos que não eram membros das entidades pactuantes.[(279)]

---

(275) NASCIMENTO, Amauri Mascaro. Op. cit., 2015. p. 408-409.

(276) MARANHÃO, Délio *apud* BARROS, Alice Monteiro de. Op. cit., 2016. p. 822.

(277) GOMES, Orlando; GOTTSCHALK, Élson *apud* SANTOS, Ronaldo Lima dos. Op. cit., p. 2007. p. 156.

(278) NASCIMENTO, Amauri Mascaro. Op. cit., 2015. p. 408-409.

(279) SANTOS, Ronaldo Lima dos. Op. cit., p. 2007. p. 156.

5.3.1.1. *Teoria do mandato*

A teoria do mandato sustenta que a entidade sindical, ao celebrar uma convenção coletiva, representa os seus membros em virtude de um mandato conferido pela adesão dos representados ao estatuto do sindicato ou pela própria previsão em lei.

Na convenção coletiva de trabalho, os respectivos sindicatos seriam os mandantes e os empregados e os empregadores os mandatários. No acordo coletivo de trabalho, o sindicato obreiro seria o mandante e os empregados, os mandatários. Estatui o art. 653 do Código Civil que o mandato opera-se quando alguém recebe de outrem poderes para, em seu nome, praticar atos ou administrar interesses. Os poderes de representação são instrumentalizados por meio de uma procuração. O art. 656 do mesmo diploma dispõe que o mandato pode ser expresso ou tácito, verbal ou escrito.

Para Alice Monteiro de Barros(280), essa teoria não consegue explicar a inderrogabilidade, pelos supostos mandantes, das cláusulas produzidas na negociação coletiva, especialmente quando contrárias aos interesses de indivíduos do grupo.

E, de fato, as convenções coletivas e os acordos coletivos se distinguem dos contratos individuais justamente pela independência das relações jurídicas individuais contratuais diante da relação jurídica contratual coletiva, embora, para sua validade, sujeitem-se às cláusulas e às condições gerais de trabalho.(281)

Ronaldo Lima dos Santos(282) elabora as seguintes críticas à teoria do mandato: i) é imprópria para justificar a eficácia dos diplomas coletivos aos não associados, que, por essa condição não teriam outorgado poderes aos sindicatos e não aderiram ao estatuto sindical; ii) é incongruente ao utilizar o fundamento da vontade do outorgante e admitir a possibilidade de o sindicato agir em sentido contrário aos interesses da minoria vencida de associados; iii) não explica a razão de o sindicato agir em nome do interesse da coletividade e não na tutela de interesses individuais dos associados; iv) não explica o motivo de a representação dos trabalhadores pelo sindicato não poder ser passível de revogação *ad nutum*; v) e não justifica o fato de o sindicato não estar adstrito às vontades individuais dos associados e o motivo pelo qual o sindicato possui poderes gerais para atuação na defesa dos interesses da coletividade de trabalhadores.

---

(280) BARROS, Alice Monteiro de. Op. cit., 2016. p. 819.
(281) CUEVA, Mario de La *apud* NASCIMENTO, Amauri Mascaro. Op. cit., 2015. p. 408.
(282) SANTOS, Ronaldo Lima dos. Op. cit., 2007. p. 156.

5.3.1.2. Teoria da estipulação em favor de terceiros

Consoante essa teoria, o sindicato seria o terceiro que contrata, livre e voluntariamente, segundo o interesse dos seus membros. Tanto o sindicato quanto seus membros poderiam exigir o cumprimento da obrigação contratada. No Código Civil de 2002, a estipulação em favor de terceiro está prevista nos arts. 436 ao 438, indicando uma relação jurídica composta por três pessoas: o estipulante; o devedor; e o beneficiário. De fato, o estipulante e o beneficiário podem exigir do devedor o cumprimento da obrigação, contudo, o estipulante pode reservar-se o direito de substituir o terceiro.

A teoria da estipulação em favor de terceiro foi uma tentativa dos civilistas de justificar a eficácia ultracontraente das cláusulas previstas na convenção coletiva de trabalho e a legitimidade do sindicato para atuar em juízo para cumprimento das obrigações convencionadas.[283]

Ocorre que os sindicalizados ou integrantes da categoria não são considerados terceiros, estranhos à relação jurídica, ao contrário, formam e identificam a coletividade, o grupo ou a categoria. Ademais, na negociação coletiva, há criação de obrigações recíprocas, irrenunciáveis pelos empregados e empregadores, os quais não podem ser substituídos, diferentemente do que ocorre na estipulação em favor de terceiros.

5.3.1.3. Teoria da gestão de negócios

No Brasil, a gestão de negócios está disciplinada nos arts. 861 ao 875 do Código Civil de 2002 e visa regulamentar aquela hipótese em que uma pessoa, sem autorização do interessado, intervém na gestão de negócio alheio. O gestor deve atuar segundo o interesse e a vontade presumíveis do dono do negócio e assumir a responsabilidade pelos atos praticados, tanto em relação às pessoas com quem tratar, quanto em relação ao dono do negócio gerido.

A principal crítica a essa teoria é a de que a negociação coletiva, e, consequentemente, a edição do acordo coletivo e da convenção coletiva, são autorizadas por assembleias, segundo as regras estatutárias do sindicato, conforme previsão contida no art. 612 da CLT.

Não menos incompatível com negociação coletiva é o fato de que o art. 867 do Código Civil autoriza a substituição da gestão por outrem, situação absolutamente estranha ao sistema de legitimidade e de representação

---

(283) SANTOS, Ronaldo Lima dos. Op. cit., 2007. p. 159.

sindicais brasileiro. Alice Monteiro de Barros[284] acrescenta à insuficiência dessa teoria o fato de que a gestão de negócios visa a proveitos pessoais individualizados, enquanto a negociação coletiva almeja vantagens e proveitos coletivos.

5.3.1.4. Teoria da personalidade moral e fictícia

Nessa teoria, o sindicato é identificado com os próprios trabalhadores, considerando-os como partes contratantes na convenção coletiva e no acordo coletivo.[285] Para Mauricio Godinho Delgado[286], sindicatos são entidades associativas permanentes, que representam trabalhadores vinculados por laços profissionais e laborativos comuns, visando a tratar de problemas coletivos das respectivas bases representadas, defendendo seus interesses trabalhistas e conexos, com o propósito de lhes alcançar melhores condições de trabalho e vida.

A entidade sindical é mais do que uma associação profissional. Além de autonomia, de autodeterminação e de administração, a personalidade jurídica sindical confere ao sindicato poderes, direitos e garantias atribuídos pela lei e pela Constituição, absolutamente estranhos aos seus associados ou à categoria profissional ou econômica representada.

Uma das críticas a essa teoria repousa no fato de que o sindicato não é uma pessoa fictícia, mas uma pessoa jurídica de direito privado, autônoma e independente, dotada de personalidade jurídica sindical, apta a representar interesses coletivos que não necessariamente se identificam com os interesses individuais dos associados ou com a soma desses interesses.[287]

Outro ponto é o de que a mencionada teoria não consegue explicar a obrigatoriedade do acordo coletivo e da convenção coletiva aos trabalhadores não associados ao sindicato[288], especialmente no ordenamento jurídico brasileiro, em que vigoram os princípios de liberdade de associação e de liberdade sindical, respectivamente tratados na Constituição de 1988 no inciso XX do art. 5º e no inciso V do art. 8º.

Por outro lado, a titularidade da negociação coletiva, tratada no art. 8º, inciso VI, da Constituição de 1988, é conferida exclusivamente às entidades sindicais, à exceção da negociação coletiva do acordo coletivo de trabalho, prevista no inciso XXVI do art. 7º da mesma Constituição, cuja legitimidade patronal é conferida ao empregador, considerado um ser coletivo.

---

(284) BARROS, Alice Monteiro de. Op. cit., 2016. p. 820.
(285) CESARINO JÚNIOR, Antônio Ferreira. Op. cit., 1970. p. 163.
(286) DELGADO, Mauricio Godinho. Op. cit., 2015. p. 194.
(287) SANTOS, Ronaldo Lima dos. Op. cit., p. 2007. p. 160.
(288) MARANHÃO, Délio *apud* BARROS, Alice Monteiro de. Op. cit., 2009. p. 821.

A teoria da personalidade moral e fictícia, desse modo, no Brasil, colidiria com a interpretação constitucional conforme de que os trabalhadores não são considerados partes contratantes da convenção coletiva e do acordo coletivo de trabalho.

5.3.1.5. Teoria da representação legal

A teoria da representação legal tenta definir a natureza jurídica do acordo coletivo e da convenção coletiva como sendo de natureza contratual ao fundamento de que os sindicatos teriam poderes conferidos pela lei para representar os seus associados.

O Código Civil brasileiro, nos arts. 115 ao 120, trata da representação legal e da representação voluntária. Na primeira, a representação civil seria conferida pela lei ao representante. Na segunda, a representação civil seria voluntariamente conferida pelo representado ao representante.

Para os defensores dessa teoria, a representação legal seria aplicável porque o trabalhador, embora tenha personalidade de fato e de direito e, assim, seja civilmente capaz, seria economicamente incapaz frente ao empregador, razão pela qual a lei confere ao sindicato o poder de legalmente representá-lo na negociação coletiva.[289]

Ocorre que a representação sindical conferida pelo estuário normativo brasileiro — constitucional e infraconstitucional — ao sindicato não é apenas civil e não é restrita ao trabalhador individualmente considerado.

Trata-se, a representação sindical, de direito social fundamental à representação ampla e complexa, relacionada à dinâmica das atividades sindicais postas em prática no plano fático das relações individuais e coletivas de trabalho, a qual depende dos interesses tutelados e das funções desempenhadas pelo sindicato em determinado momento histórico dentro do ordenamento jurídico ao qual está inserido.[290]

5.3.2. Corrente teórica extracontratualista

Também conhecida como teoria de transição, tenta escapar das noções tradicionais civilistas para justificar o efeito ultracontraente e vinculante das convenções coletivas e dos acordos coletivos.

---

(289) VIANNA, Segadas *apud* CESARINO JÚNIOR, Antônio Ferreira. Op. cit., 1970. p. 162-163.
(290) MASSONI, Túlio de Oliveira. Op. cit., 2007. p. 77 e 80.

Essa corrente teórica justifica o efeito ultracontraente e vinculante dos diplomas coletivos com elementos e institutos estanhos à autonomia da vontade e à autonomia privada, encontrados em modelos teóricos de outros ramos do Direito ou na Sociologia.[291]

Ronaldo Lima dos Santos[292] destaca que essa corrente teórica se escora, basicamente, na ideia de que, em razão de elementos não volitivos, os trabalhadores e os empregadores — estes apenas no caso da convenção coletiva — estariam obrigados ao cumprimento dos diplomas coletivos na condição de membros de uma coletividade.

5.3.2.1. Teoria do pacto social

A teoria do pacto social sustenta que, ao ingressar no sindicato, o empregador e o trabalhador se submetem antecipadamente às decisões da maioria.[293] Quando o sindicato celebra um acordo coletivo ou uma convenção coletiva, aqueles trabalhadores não satisfeitos estariam automaticamente renunciando a autonomia da vontade e submetendo-se à vontade da maioria.

A teoria não explica como as disposições da convenção coletiva e do acordo coletivo seriam aplicadas aos trabalhadores que não ingressaram no sindicato. Há, de certo modo, na teoria do pacto social, uma confusão conceitual entre associação sindical e representação sindical, como se aquela fosse pressuposto para esta.

A convenção coletiva e o acordo coletivo de trabalho estipulam, de forma geral e abstrata, o conteúdo dos direitos trabalhistas que serão pactuados individualmente no âmbito das relações individuais de trabalho. Disso decorre que, embora as cláusulas normativas sejam obrigatórias, o trabalhador, individualmente considerado, não renuncia à sua autonomia da vontade ou à sua autonomia privada individual, remanescendo intactas a liberdade de contratar e a liberdade contratual, desde que em condições iguais ou melhores daquelas previstas no diploma coletivo.

A mitigação da autonomia da vontade ou da autonomia privada individual não significa que elas foram renunciadas pelo trabalhador. Em verdade, nem mesmo a autonomia privada coletiva estaria completamente renunciada, ao passo que o interesse coletivo de um determinado grupo ou subgrupo, quando não atendido pela convenção coletiva, poderá ser satisfeito mediante acordo coletivo do trabalho.

---

(291) DELGADO, Mauricio Godinho. Op. cit., 2015. p. 195.
(292) SANTOS, Ronaldo Lima dos. Op. cit., p. 2007. p. 160.
(293) CESARINO JÚNIOR, Antônio Ferreira. Op. cit., 1970. p. 163.

5.3.2.2. *Teoria da solidariedade necessária*

Nessa teoria, a natureza jurídica dos diplomas coletivos estaria identificada na subordinação do interesse individual ao interesse coletivo, este último representado pela vontade da maioria. Isso justificaria o fato de o diploma coletivo ser aplicado mesmo àqueles que com ele não concordam.

A teoria da solidariedade necessária é similar à teoria do pacto social. A diferença é que, na primeira, a vontade da maioria prevalece em função da solidariedade necessária e, na segunda, a vontade da maioria prepondera em razão do pacto social.[294]

A crítica a ela feita é a de que essa teoria não se assenta em uma explicação jurídica e, assim como na teoria do pacto social, confunde interesse da maioria com o interesse da coletividade.[295]

5.3.2.3. *Teoria do uso e costume industrial*

Para essa teoria, a eficácia ultracontraente dos diplomas coletivos encontraria respaldo nos usos e costumes. Os diplomas coletivos seriam, assim, usos e costumes praticados no âmbito industrial. O art. 8º da Consolidação das Leis do Trabalho prevê que as autoridades administrativas e a Justiça do Trabalho, na falta de disposições legais ou contratuais, poderão decidir de acordo com os usos e costumes.

O 'costume', em sentido jurídico, retrata a ideia de um direito consuetudinário; uma regra de conduta não escrita, usualmente observada num determinado meio social, porque considerada juridicamente obrigatória e necessária. O 'uso', diferentemente do costume, é destituído de obrigatoriedade, consiste em atos e práticas usualmente observadas em razão de sua utilidade e repetição em um meio social.[296]

Amauri Mascaro Nascimento[297] observa que o costume pode ser *secundum legem*, *praeter legem* e *contra legem*. O primeiro complementaria a lei, o segundo tem por objeto matéria não tratada pela lei e o terceiro, uma regra consuetudinária contra a lei. A principal crítica a essa teoria é a de que a ideia de uso e costume está associada à representação de um direito não escrito, enquanto os diplomas coletivos são negócios jurídicos formais e, portanto, escritos.[298]

---

(294) SANTOS, Ronaldo Lima dos. Op. cit., p. 2007. p. 162.

(295) MARANHÃO, Délio *apud* BARROS, Alice Monteiro de. Op. cit., 2016. p. 821.

(296) GUSMÃO, Paulo Dourado de. Op. cit., 2003. p. 119-121.

(297) NASCIMENTO, Amauri Mascaro. Op. cit., 2011. p. 438.

(298) SANTOS, Ronaldo Lima dos. Op. cit., p. 2007. p. 163.

O acordo coletivo e a convenção coletiva, por serem pactos normativos escritos, não se enquadram no conceito de usos e costumes, os quais mais se aproximam, em termos conceituais, da negociação coletiva.

5.3.2.4. Teoria da instituição

Na teoria da instituição, cuja autoria é atribuída a *Maurice Hauriou*, a eficácia ultracontraente dos diplomas coletivos repousa no caráter institucional do sindicato, que, ao entabulá-los, estabelece uma lei profissional oferecida aos empregados que integram a categoria por ele representada.[(299)]

A instituição — o sindicato — daria origem ao direito, obrigando a todos os seus membros, em razão de que as normas criadas constituem as regras estruturais e funcionais daqueles que integram o grupo.[(300)] Para Alice Monteiro de Barros[(301)], essa teoria é inapropriada, porque a convenção coletiva não é uma norma interna do sindicato, mas negócio jurídico bilateral com efeitos externos.

5.3.3. Corrente teórica normativista

As teorias normativistas são estruturadas com foco na função normativa reconhecida aos diplomas coletivos, relegando ao segundo plano a autonomia privada coletiva e a noção contratual de reciprocidade presentes no acordo coletivo e na convenção coletiva de trabalho.[(302)]

Para os normativistas, não é possível explicar a eficácia ultracontraente do acordo coletivo e da convenção coletiva com a teoria contratual clássica, mas somente a partir das teorias que examinam uma norma como jurídica e positiva.

A teoria normativista centra-se na ideia de que positividade normativa e estatalidade se confundem e, por essa razão, o direito positivo é apenas aquele proveniente do Estado.

Nessa perspectiva teórica, o acordo coletivo e a convenção coletiva seriam atos normativos, porque assim prevê o Estado. A positividade jurídica do acordo coletivo e da convenção coletiva estaria relacionada à estatalidade.

---

(299) CESARINO JÚNIOR, Antônio Ferreira. Op. cit., 1970. p. 164.
(300) SANTOS, Ronaldo Lima dos. Op. cit., p. 2007. p. 164.
(301) BARROS, Alice Monteiro de. Op. cit., 2016. p. 822.
(302) DELGADO, Mauricio Godinho. Op. cit., 2015. p. 196.

5.3.3.1. Teoria da lei delegada

Segundo a teoria da lei delegada, uma Lei Maior delega ao sindicato o poder de legislar em âmbito menor[303], consequentemente, o acordo coletivo e a convenção coletiva criam normas impessoais e abstratas aplicadas, indistintamente, aos associados e não associados, representados pela entidade sindical, segundo os poderes conferidos pelo Estado.[304]

Duas são as principais críticas a essa teoria. A primeira, de que o acordo coletivo e a convenção coletiva não dependem de homologação pelo Estado, e a segunda, porque atribui ao sindicato uma personalidade jurídica de direito público, como ente integrante da organização política e administrativa do Estado.

Ronaldo Lima dos Santos[305] observa, ainda, que o acordo coletivo e a convenção coletiva têm natureza jurídica de fonte reconhecida e não de fonte delegada, pois a autonomia privada coletiva é um poder social originário que se manifestou até mesmo contra a vontade do Estado e, posteriormente, foi por este reconhecido.

5.3.3.2. Teoria regulamentar

De acordo com a teoria regulamentar, o acordo coletivo e a convenção coletiva seriam espécies de leis profissionais regulamentares, aplicadas aos associados e não associados da entidade sindical responsável pela elaboração do diploma coletivo.[306]

A teoria não explica como o acordo coletivo e a convenção coletiva são enquadrados como 'lei', tanto que a definição do diploma coletivo como 'lei profissional', em um ordenamento jurídico formado por um sistema de normas pluralista, pode ser compreendida como lei originária de um poder privado ou como lei originária de um poder público.

O acordo coletivo e a convenção coletiva de trabalho não são leis em sentido formal e estrito. Tal como a lei, o acordo coletivo e a convenção coletiva possuem o poder e a capacidade de criar normas, contudo, normas de origem negociada aplicadas de forma abstrata e impessoal a determinado grupo.

A lei é a norma emanada do Poder Legislativo e obriga a todos dentro da sociedade, todavia, não representa todas as formas de manifestação normativa do Direito.[307]

---

(303) BARROS, Alice Monteiro de. Op. cit., 2016. p. 821.
(304) SANTOS, Ronaldo Lima dos. Op. cit., p. 2007. p. 166-167.
(305) *Ibid.*, p. 167.
(306) *Ibid.*, p. 166.
(307) MARTINS, Sérgio Pinto. Op. cit., 2016. p. 88.

5.3.4. Corrente teórica mista

5.3.4.1. Teoria mista

Segundo Amauri Mascaro Nascimento[(308)], a positividade e a estatalidade não se confundem, ao passo que uma norma, de procedência não estatal, pode pertencer ao direito positivo, existindo direito que não é proveniente do Estado.

Dentro dessa ordem de ideias, de que o ordenamento jurídico é formado por um sistema plural de fontes normativas, a corrente teórica mista reconhece que as teorias contratualista e normativista conseguem, em alguns determinados pontos, identificar elementos que compõem a natureza do acordo coletivo e da convenção coletiva, o que revela o acordo coletivo e a convenção coletiva de trabalho como fatos jurídicos dotados de uma natureza jurídica híbrida, com características próprias e originais. Alguns elementos do acordo coletivo e da convenção coletiva têm natureza jurídica contratual e outros têm natureza jurídica normativa, indicando um gênero híbrido: contratual-normativo.

Ronaldo Lima dos Santos[(309)] pontua que os adeptos da teoria mista consideram o acordo coletivo e a convenção coletiva como um instituto híbrido, porque a origem é contratual e o conteúdo corresponde a uma norma jurídica.

De acordo com o jurista italiano Francesco Carnelluti, trata-se de um contrato coletivo híbrido, com corpo de contrato e alma de lei.[(310)] No Brasil, Délio Maranhão atribuiu à convenção coletiva de trabalho a natureza de 'contrato-ato-regra': contrato, porque se funda num ajuste de vontades; e ato-regra, porque a eficácia abrange todos os integrantes da categoria, independentemente da condição de associados.[(311)]

Para Mauricio Godinho Delgado[(312)], a 'teoria mista' é a que melhor percebeu a estrutura do acordo coletivo e da convenção coletiva do trabalho, contudo, a expressão 'teoria mista' não seria inteiramente adequada para expressar o sentido dessa formulação doutrinária, tendo em vista que essa doutrina não é consubstanciada na mera agregação das teorias contratualistas e normativistas.

---

(308) NASCIMENTO, Amauri Mascaro. Op. cit., 2011. p. 1387.
(309) SANTOS, Ronaldo Lima dos. Op. cit., 2007. p. 167.
(310) CARNELLUTI, Francesco *apud* SANTOS, Ronaldo Lima dos. Op. cit., 2007. p. 167.
(311) MARANHÃO, Délio *apud* BARROS, Alice Monteiro de. Op. cit., 2016. p. 821
(312) DELGADO, Mauricio Godinho. Op. cit., 2015. p. 196-197.

A compreensão do acordo coletivo e da convenção coletiva como contratos capazes de produzir normas jurídicas nasce no reconhecimento do poder social de criação de normas jurídicas por determinados seres coletivos trabalhistas. Assim, o sentido que melhor sintetiza essa formulação doutrinária, segundo Mauricio Godinho Delgado[(313)], seria a denominação 'teoria do contrato social normativo'.

Nesse sentido, assinala Evaristo de Moraes Filho[(314)] que o direito de coalizão e de greve revestiu o sindicato como organismo representativo da profissão e a utilização de expedientes coletivos para fixação de novas condições de trabalho, sobressaindo-se aí a convenção coletiva de trabalho como verdadeiro ato-regra, com características de lei.

A 'teoria mista', aprovada no 2º Congresso Internacional de Direito Social, ocorrido na Bélgica, e no 2º Congresso Internacional de Direito do Trabalho, realizado em Genebra, é considerada pela grande maioria dos doutrinadores como a mais apropriada para definir a natureza jurídica do acordo coletivo de trabalho e da convenção coletiva de trabalho.[(315)]

A aceitação majoritária da 'teoria-mista' pela doutrina indica a impossibilidade de se colocar em segundo plano o poder social reconhecido à negociação coletiva, ao examinar a natureza jurídica do acordo coletivo e da convenção coletiva.

É o reconhecimento da negociação coletiva como forma de composição e solução dos conflitos coletivos que confere ao acordo coletivo e à convenção coletiva a natureza jurídica de contrato-normativo e de fonte autônoma normativa. A negociação coletiva justifica, ao mesmo tempo, a existência de uma fonte normativa não estatal e a hibridez dos diplomas coletivos trabalhistas.

Para que haja respeito à natureza, à individualidade e à originalidade do acordo coletivo e da convenção coletiva, o respeito deve principiar pela negociação coletiva que lhes dera origem, por ser ela o único poder social legitimado a representar a vontade coletiva dos trabalhadores e dos empregadores.

Conforme observa Ronaldo Lima dos Santos[(316)], na seara das relações coletivas de trabalho, os requisitos de validade da negociação coletiva têm como função principal a formação e a representação da vontade coletiva dos trabalhadores e a produção de efeitos sobre os contratos individuais de trabalho.

---

(313) DELGADO, Mauricio Godinho. Op. cit., 2015. p. 196-197.
(314) FILHO, Evaristo de Moraes. Op. cit., 1952. p. 94.
(315) BARROS, Alice Monteiro de. Op. cit., 2016. p. 822.
(316) SANTOS, Ronaldo Lima dos. Op. cit., 2007. p. 222-223.

5.4. Características

As principais características do acordo coletivo e da convenção coletiva estão associadas à legitimidade, ao conteúdo, à forma e ao prazo de duração. Como negócio jurídico coletivo, de natureza jurídica híbrida, a existência, a validade e a eficácia do acordo coletivo e da convenção coletiva guardam características peculiares que lhes atribuem originalidade e, consequentemente, são importantes na compreensão da interação entre ambos.

5.4.1. Legitimação

A legitimidade do acordo coletivo de trabalho e da convenção coletiva de trabalho é conferida aos titulares do poder social à negociação coletiva. Esse poder é reconhecido, no Brasil, nos direitos sociais fundamentais previstos no inciso XXVI do art. 7º e nos incisos III e VI do art. 8º da Constituição Federal de 1988.

Na Consolidação das Leis do Trabalho, encontra-se o detalhamento dessa legitimação, especificamente no Título VI, composto pelos arts. 611 ao 625, dedicados ao tratamento do acordo coletivo de trabalho e da convenção coletiva de trabalho.

No modelo de organização sindical brasileira, a negociação coletiva representa o interesse coletivo de determinadas categorias. Isso significa que a legitimação à negociação coletiva e, consequentemente, ao acordo coletivo e à convenção coletiva, está diretamente restrita à representação sindical por categorias que poderão existir em uma base territorial municipal, intermunicipal, estadual, interestadual ou nacional.

O sistema de representação sindical por categorias é definido pelo Estado por meio do critério profissional, o qual é composto por dois grupos sociais: o empregado e o empregador. No Brasil, o art. 511 da CLT organiza o sistema de categorias em profissionais, econômicas e profissionais diferenciadas. As categoriais profissionais identificam os trabalhadores pela profissão ou trabalho realizado em situação de emprego em atividades econômicas idênticas, similares ou conexas. As categoriais econômicas identificam os empregadores segundo os interesses na exploração de atividades econômicas idênticas, similares ou conexas. As categoriais profissionais diferenciadas identificam os trabalhadores segundo a profissão ou função que exerçam em razão de condições de vida singulares ou de estatuto profissional especial, independentemente da atividade econômica explorada pelo empregador.

Esse critério de representação sindical é costumeiramente criticado porque impõe a unidade sindical e porque é o modelo prevalecente em sistemas sindicais corporativistas, em que os princípios da autonomia, da liberdade e da representação sindicais não são plenos.

Favorável ao sistema de representação sindical por categorias, Evaristo de Moraes Filho[317] observa que a sociedade moderna dividiu intensamente o trabalho social, organizando-se economicamente em bases profissionais, onde trabalhadores apresentam as mesmas condições de vida e os mesmos expedientes técnicos de exercício profissional, mantendo um sentimento vivo de comunhão de interesses, desejando, em geral, a mesma coisa.[318] Por esse motivo, o Estado não cria grupos profissionais, mas os encontra existindo espontaneamente em sociedade, limitando-se a dar-lhes forma jurídica, a organizar as atividades e a exigir certos requisitos para o pleno exercício funcional desses grupos.

Observa o referido doutrinador que a categoria não tem poder de representação, pois, do ponto de vista jurídico, somente os sindicatos são reconhecidos pelo Estado como possuidores de personalidade jurídica, como órgãos representativos de categorias profissionais e econômicas, apresentando-se como o lado jurídico do grupo profissional social e econômico.[319]

Para Mauricio Godinho Delgado[320], na ordem jurídica brasileira, os sindicatos de categorias profissionais são os entes legitimados a celebrar a negociação coletiva do acordo coletivo e da convenção coletiva sob o ponto de vista dos empregados, ao passo que, sob o ponto de vista dos empregadores, a legitimação é direta apenas no acordo coletivo. A conclusão decorre de uma interpretação sistêmica da Constituição Federal entre os incisos XXVI do art. 7º e os incisos III e VI do art. 8º, em que o acordo coletivo de trabalho é considerado ajuste entre empregadores e sindicatos de categoriais profissionais e a convenção coletiva, pacto intersindical entre sindicatos de categoriais profissionais e sindicatos de categorias econômicas.

Analisando a organização sindical brasileira estruturada em sindicatos, federações e confederações com a legitimação ao acordo coletivo e à convenção coletiva de trabalho tratada no art. 611 da CLT, Ronaldo Lima dos Santos[321] conclui que a legitimação das entidades sindicais pode ser definida como primária e subsidiária.

A legitimação dos sindicatos é primária — e, portanto, preferencial — sobre as federações e as confederações, embora, no acordo coletivo de trabalho, essa legitimidade primária seja conferida tanto aos sindicatos dos trabalhadores como aos empregadores.

---

(317) SANTOS, Ronaldo Lima dos. Op. cit., 2007. p. 66.
(318) FILHO, Evaristo de Moraes. Op. cit., 1952. p. 58-59.
(319) *Ibid.*, p. 65.
(320) DELGADO, Mauricio Godinho. Op. cit., 2015. p. 196-197.
(321) SANTOS, Ronaldo Lima dos. Op. cit., 2007. p. 199-200.

A legitimação das federações e das confederações, na hipótese de categorias inorganizadas em sindicatos, é subsidiária e a legitimidade das federações preferencial à legitimidade das confederações. Nessa hipótese, a legitimação das entidades de grau superior está condicionada à inexistência de sindicato representativo de determinada categoria.

O art. 617, § 1º, da CLT prevê a possibilidade de que os empregados tenham legitimidade direta à negociação coletiva do acordo coletivo de trabalho. Para que isso ocorra, devem comprovar que comunicaram, respectivamente, no prazo de 8 dias, o sindicato, a federação e a confederação para assumirem a direção da negociação coletiva e que estas permaneceram inertes. Esgotado o prazo e silentes as entidades sindicais, os empregados teriam legitimidade direta para a negociação coletiva.

Amauri Mascaro Nascimento[322], examinado o art. 617, § 1º da CLT, conclui tratar-se de uma hipótese de legitimidade substitutiva extraordinária dos empregados à negociação coletiva do acordo coletivo, a qual, por analogia e equidade, seria ainda aplicável à negociação coletiva da convenção coletiva e, ainda, aos casos em que a categoria profissional não é representada por sindicato, federação ou confederação.

Para Ronaldo Lima dos Santos[323], o art. 617, § 1º, da CLT foi recepcionado pela Constituição Federal de 1988, porque esta tem como principal objetivo a proteção da autonomia privada coletiva e porque, ao fim e ao cabo, apresenta solução parecida com o art. 4º, § 2º da Lei n. 7.783/1989, que autoriza a deliberação da greve pelos próprios trabalhadores na falta de entidade sindical.

Em sentido oposto, Mauricio Godinho Delgado[324] interpreta que o art. 617, § 1º da CLT não foi recepcionado pela Constituição Federal de 1988 que, por meio do inciso XXVI do art. 7º e do inciso VI do art. 8º, impõe, contundentemente, a obrigatoriedade de que a categoria profissional seja representada pela entidade sindical na negociação coletiva.

5.4.2. *Conteúdo*

Não é objeto deste estudo a análise do conteúdo do acordo coletivo e da convenção coletiva sob a perspectiva de um exame de constitucionalidade ou de legalidade das cláusulas produzidas ou sobre qual seria a condição ideal dessas cláusulas à luz dos princípios, valores e institutos que orientam a relação social e jurídica do trabalho.

---

(322) NASCIMENTO, Amauri Mascaro. Op. cit., 2015. p. 466-467.
(323) SANTOS, Ronaldo Lima dos. Op. cit., 2007. p. 201 e 203.
(324) DELGADO, Mauricio Godinho. Op. cit., 2015. p. 165 e 171.

A análise ocorre na hipótese de coexistirem um — ou mais de um — acordo coletivo e uma convenção coletiva de trabalho em que o conteúdo desses diplomas é válido segundo as regras e os princípios do ordenamento jurídico vigente.

O acordo coletivo de trabalho e a convenção coletiva de trabalho são compreendidos a partir de cláusulas que, em linhas gerais, estabelecem regras sobre as condições de trabalho das relações jurídicas representadas na negociação coletiva e regras entre as próprias entidades que subscreveram o diploma coletivo.

A doutrina[325] traz inúmeras classificações às cláusulas que materializam o acordo coletivo e a convenção coletiva. Para o objeto deste estudo, basta a classificação tradicional de que a convenção coletiva e o acordo coletivo de trabalho contêm duas espécies de cláusulas: obrigacionais e normativas.

O acordo coletivo e a convenção coletiva formam estatutos jurídicos compostos por dispositivos normativos e dispositivos obrigacionais. Os dispositivos normativos, também denominados como 'cláusulas normativas', geram direitos e obrigações aos contratos individuais de trabalho das respectivas bases representadas. Os dispositivos obrigacionais, igualmente denominados como 'cláusulas obrigacionais', estabelecem direitos e obrigações para as partes convenentes.[326]

Na CLT, pode se dizer que as cláusulas normativas seriam aquelas tratadas nos incisos IV e VII do art. 613, enquanto as cláusulas obrigacionais seriam as indicadas nos incisos V e VI do mesmo dispositivo celetista.

As cláusulas obrigacionais geram obrigações imediatas aos pactuantes, porque incidem sobre um fato jurídico concreto: o acordo coletivo e a convenção coletiva. As cláusulas normativas geram obrigações de caráter geral, imediatas ou mediatas, pois incidem sobre contratos individuais existentes e os que venham a existir durante a vigência do acordo coletivo ou da convenção coletiva.[327] Em epítome, as cláusulas obrigacionais regulam entre os pactuantes as condições do acordo coletivo ou da convenção coletiva e as cláusulas normativas regulam as condições dos contratos individuais de trabalho dos empregados e empregadores.

A negociação coletiva é quem produz o conteúdo das cláusulas normativas e das cláusulas obrigacionais. No acordo coletivo de trabalho, a

---

(325) Cf. Cláusulas obrigatórias e facultativas, cláusulas obrigacionais e normativas, cláusulas operacionais, cláusulas operacionais autorizativas e cláusulas operacionais instrumentais. (SANTOS, Ronaldo Lima dos. Op. cit., 2007. p. 211 e 221).

(326) DELGADO, Mauricio Godinho. Op. cit., 2015. p. 173-174.

(327) RUSSOMANO, Mozart Victor *apud* SANTOS, Ronaldo Lima dos. Op. cit., 2007. p. 213-214.

negociação coletiva tem nível de empresa e o seu conteúdo tem eficácia restrita a essa dimensão, enquanto, na convenção coletiva, as cláusulas têm nível de categoria e o seu conteúdo supõe uma eficácia a toda categoria profissional e econômica.

Antônio Junqueira Azevedo *apud* Ronaldo Lima dos Santos[(328)], anota que a eficácia corresponde à produção de efeitos jurídicos pelo negócio jurídico: eficaz é o negócio jurídico que preenche os elementos denominados 'fatores de eficácia' e ineficaz aquele que não se encontra apto para produção de efeitos jurídicos, justamente porque não verificados os referidos fatores.

Mesmo que um negócio jurídico existente seja válido, isso não significa que sempre produzirá efeitos imediatos e ilimitados. A eficácia do negócio jurídico pode estar limitada a determinados fatores de eficácia. São fatores de eficácia do negócio jurídico: o 'termo', como evento futuro e certo, que protrai o início da produção de efeitos; a 'condição', como evento futuro e incerto que, quando ocorrente, pode dar início (condição suspensiva) ou fazer cessar (condição resolutiva) os efeitos jurídicos; e o 'modo ou encargo', como determinação acessória de negócio jurídico gratuito, que impõe ao beneficiário da liberalidade um ônus a ser cumprido, em benefício de uma liberalidade maior.[(329)]

A condição, o termo e o encargo são tratados nos arts. 121 ao 137 do Código Civil. São institutos, portanto, cuja natureza jurídica é privada e decorrem do exercício da autonomia privada individual.

No âmbito do acordo coletivo e da convenção coletiva de trabalho, cuja natureza jurídica é híbrida, contratual-normativa, a nova redação do art. 620 da CLT instituiu uma condição suspensiva cuja natureza é normativa, específica e restrita ao fator de eficácia do acordo coletivo e da convenção coletiva de trabalho. Trata-se de uma condição destinada a estabelecer uma regra de convivência entre o acordo coletivo e a convenção coletiva.

Segundo a nova regra do art. 620 da CLT, a eficácia da convenção coletiva a toda a categoria é condicionada à não existência da negociação coletiva em nível de empresa. A produção de efeitos da convenção coletiva aos contratos individuais de trabalho permanece suspensa nas relações jurídicas individuais submetidas à vigência de um acordo coletivo, salvo se a própria negociação coletiva, em nível de empresa ou em nível de categoria, ajustar essa condição de modo diferente.

Trata-se de um novo fator de eficácia do acordo coletivo e da convenção coletiva, já que a antiga redação do art. 620 da CLT condicionava a eficácia

---

(328) AZEVEDO, Antonio Junqueira *apud* SANTOS, Ronaldo Lima dos. Op. cit., 2007. p. 224-225.
(329) GAGLIANO, Pablo Stolze; PAMPLONA FILHO, Rodolfo. Op. cit., 2008. p. 18 e 22.

do acordo coletivo e da convenção coletiva simultaneamente existentes ao critério da norma mais favorável. Esse era o fator de eficácia dos referidos diplomas coletivos até a edição da Lei n. 13.467/2017.

Outro fator de eficácia significativo a disciplinar a interação dos diplomas coletivos diz respeito à existência de uma categoria profissional diferenciada. Tratada no § 3º do art. 511 da CLT, resulta no fato de que a eficácia do acordo coletivo e da convenção coletiva que correspondem à categoria profissional, embora válidos, não alcança os empregados que integram uma categoria profissional diferenciada. Essa interpretação, desde 2005, foi explicitada na Súmula 374 do Tribunal Superior do Trabalho.

Não é novidade que a lei trabalhista institua condições de eficácia ao acordo coletivo e à convenção coletiva. Confira-se, além dos exemplos acima examinados, o art. 614, § 1º, da CLT, ao estabelecer eficácia do acordo coletivo e da convenção coletiva a partir do terceiro dia do depósito no órgão competente. O fator de eficácia previsto no art. 620 da CLT, com redação da Lei n. 13.467/2017, é significativo e impactante na disciplina sobre o contato entre o acordo coletivo e a convenção coletiva.

A regra de que o acordo coletivo prevalece sobre a convenção coletiva altera, de uma só vez, a relação 'eficácia-conteúdo-interação' do acordo coletivo e da convenção coletiva de trabalho, prestigia a descentralização da negociação coletiva, elimina a presunção de conflitualidade entre o acordo coletivo e a convenção coletiva e fortalece a prerrogativa dos sindicatos dos trabalhadores como protagonistas da negociação coletiva.

5.4.3. Forma

O acordo coletivo e a convenção coletiva são negócios jurídicos coletivos solenes. Desde a sua origem, na própria negociação coletiva, é exigida pelo art. 612 da CLT a realização de assembleia convocada pelo sindicato especialmente para celebração do acordo coletivo ou da convenção coletiva, na forma do estatuto da entidade sindical.

A validade da assembleia, no caso da convenção coletiva, em que a negociação coletiva tem nível de categoria, depende do comparecimento e da votação de dois terços dos associados na primeira convocação, e um terço na segunda convocação, contudo, quando o sindicato tiver mais de cinco mil associados, o comparecimento e a votação nessa segunda convocação deverá atender ao quórum mínimo de um oitavo, ou seja, no mínimo, seiscentos e vinte e cinco associados devem comparecer e votar pela celebração da convenção coletiva de trabalho.

No acordo coletivo de trabalho, em que a negociação coletiva tem nível de empresa, a validade da assembleia depende do comparecimento e da votação de dois terços dos interessados — com base no número de empregados existentes na empresa — na primeira convocação; e de um terço, na segunda convocação.

O Tribunal Superior do Trabalho, após a Constituição de 1988 e dos novos significados atribuídos aos princípios da autonomia e da liberdade sindicais, cancelou, em 2003, as orientações 13 e 21 da Seção de Dissídios Coletivos, que, até então, davam suporte ao art. 612 da CLT, indicando, desde então, que a interpretação constitucional conforme sobre a matéria é a de que o quórum para celebração da negociação coletiva é aquele previsto no estatuto da entidade sindical, e não o previsto na CLT.

Entretanto, há requisitos a serem preenchidos para que a negociação coletiva correspondente à celebração do acordo coletivo ou da convenção coletiva de trabalho seja considerada válida. Esses requisitos, no entanto, serão considerados constitucionais quando a norma infraconstitucional maximizar o princípio da autonomia privada coletiva, cuja manifestação pela entidade sindical representa aquilo que foi obtido junto à coletividade de trabalhadores, verdadeiros titulares do interesse coletivo.[330]

Segundo Mauricio Godinho[331], não se pode considerar válida negociação coletiva que não cumpra requisitos e formalidades consistentes fixados no estatuto sindical, tais como convocação ampla, pauta publicizada, quórum razoável para instalação e deliberação assemblear, e lançamento escrito das cláusulas normativas e obrigacionais.

O art. 613 da CLT estabelece que o acordo coletivo e a convenção coletiva deverão conter por escrito, sem emenda e sem rasuras, a designação dos pactuantes, o prazo de vigência, a categoria ou a classe de trabalhadores abrangidos, as condições correspondentes à regulação das relações individuais de trabalho durante sua vigência, normas para conciliação das divergências entre os pactuantes por motivo de aplicação de seus dispositivos, regras sobre o processo de prorrogação ou de revisão das suas cláusulas, direitos e deveres entre os pactuantes e penalidades para o caso de descumprimento das normas estabelecidas.

O acordo coletivo e a convenção coletiva, portanto, são negócios jurídicos coletivos formais, isto é, dão forma escrita ao resultado da negociação coletiva.

---

(330) SANTOS, Ronaldo Lima dos. Op. cit., 2007. p. 225.
(331) DELGADO, Mauricio Godinho. Op. cit., 2015. p. 175.

5.4.4. Duração

A Consolidação das Leis do Trabalho, no § 3º do art. 614, estabelece que o acordo coletivo de trabalho e a convenção coletiva de trabalho devem ter prazo determinado e, no máximo, de dois anos.

Não há prazo mínimo de vigência estabelecido ao acordo coletivo e à convenção coletiva, entretanto, a negociação coletiva costuma estipular o prazo de um ano, em que o período entre o termo inicial e o termo final serão considerados a data-base do diploma coletivo, consoante trata o § 1º do art. 4º da Lei n. 7.238/1984.

No entanto, a jurisprudência do Tribunal Superior do Trabalho, consubstanciada na Súmula 277, com edição da Resolução 185, de 27 de setembro de 2012, estabelecera que as cláusulas normativas dos acordos coletivos ou das convenções coletivas integram os contratos individuais de trabalho até que sejam modificadas ou suprimidas pela negociação coletiva. Essa jurisprudência criou o que se denomina ultratividade da eficácia das cláusulas normativas dos acordos coletivos e convenções coletivas de trabalho.

No ano de 2014, foi ajuizada no STF a ação de descumprimento de preceito fundamental n. 323, cujo objeto pretende declarar a inconstitucionalidade da Súmula 277 do TST e de interpretações e decisões judiciais que compreendem que o art. 114, § 2º, da Constituição Federal, na redação dada pela Emenda Constitucional n. 45/2004, autoriza a aplicação do princípio da ultratividade das normas oriundas de acordos coletivas e convenções coletivas. O relator da referida ADPF, Ministro Gilmar Mendes, suspendeu liminarmente a Súmula 277 do TST. O julgamento meritório, ao tempo da realização deste trabalho, ainda não foi concluído, encontrando-se a ação com o Ministro Dias Toffoli, após pedido de vista dos autos em 4 de agosto de 2021.

A Lei n. 13.467/2017, publicada em 14 de julho de 2017, alterou a redação do § 3º do art. 617 da CLT para acrescentar que, além do prazo máximo de dois anos de duração, é vedada a ultratividade ao acordo coletivo e à convenção coletiva de trabalho. A referida alteração legislativa, no entanto, não põe fim à polêmica hermenêutica sobre o tema da ultratividade das cláusulas normativas.

O novo § 3º do art. 614 da CLT estabelece o prazo máximo de vigência e veda a ultratividade do acordo coletivo e da convenção coletiva, entretanto, a referida vedação, ao que tudo indica, só ocorre nos casos em que a negociação coletiva não disciplina regras de aderência das cláusulas normativas aos contratos individuais de trabalho. Isso porque, no art. 611-B da CLT, oriundo da mesma Lei n. 13.467/2017, e dedicado a estipular o que constitui objeto ilícito de negociação coletiva, não há qualquer proibição para regras sobre aderência de cláusulas normativas aos contratos individuais de trabalho.

O art. 615 da CLT, em sintonia com o novo art. 611-B, prevê que a negociação coletiva pode prorrogar a duração do acordo coletivo e da convenção coletiva. Ronaldo Lima dos Santos[332], em sentido contrário, entende que o art. 615 da CLT é justamente o que justifica a impossibilidade de a negociação coletiva originária prever a prorrogação tácita do acordo coletivo ou da convenção coletiva, porque a prorrogação, em função do princípio da atualidade da norma coletiva, exige uma deliberação cuja necessidade é efetuada de acordo com os fatos e as circunstâncias do momento.

No entanto, é razoável, porque consentâneo aos princípios da autonomia privada coletiva e da liberdade sindical e à unidade sistêmica da CLT, a interpretação de que a ultratividade dos acordos coletivos e das convenções coletivas é vedada, salvo se, de modo diverso, estipular a negociação coletiva.

5.4.4.1. Prorrogação, revisão e denúncia

A prorrogação, a revisão e a denúncia do acordo coletivo e da convenção coletiva são fatos jurídicos supervenientes que, para serem aprovados, sujeitam-se à negociação coletiva que observe às mesmas formalidades da negociação coletiva originária.

Para Ronaldo Lima dos Santos[333], a prorrogação amplia as disposições de um acordo ou convenção coletiva de trabalho por um período de vigência superior ao inicialmente previsto, no entanto, como equivale à formação de um novo diploma coletivo idêntico ao anterior, deve observar os prazos e procedimentos previstos nos arts. 614 e 615 da CLT, e, por esse motivo, seria nula cláusula constante em acordo coletivo ou convenção coletiva prevendo a sua prorrogação tácita.

Amauri Mascaro Nascimento[334] assinala que a prorrogação do acordo coletivo e da convenção coletiva pode ocorrer ilimitadamente, pois a lei não limita o número de prorrogações. A revisão consiste na alteração, parcial ou total, do acordo coletivo ou da convenção coletiva, durante a sua vigência, segundo os mesmos prazos e procedimentos previstos nos arts. 614 e 615 da CLT.[335]

A denúncia é ato unilateral em que uma das partes do acordo coletivo ou da convenção coletiva comunica à outra sua decisão de não mais cumprir às disposições constantes no diploma coletivo.

---

(332) SANTOS, Ronaldo Lima dos. Op. cit., 2007. p. 231.
(333) *Ibid.*, p. 230.
(334) NASCIMENTO, Amauri Mascaro. Op. cit., 2015. p. 476.
(335) *Id.*

A figura se aproxima da resilição unilateral prevista aos contratos individuais, entretanto, no acordo coletivo e na convenção coletiva, cuja natureza é contratual-normativa, não há direito potestativo de extinguir o diploma coletivo ou de afastar a sua eficácia. A denúncia só terá validade se aprovada na negociação coletiva instada para tal fim, e disso resulta que, se exitosa, o que se tem, em verdade, é uma resilição bilateral.

Nesse sentido, observa Amauri Mascaro Nascimento[(336)] que os efeitos da denúncia serão extintivos quando o denunciado concordar, e suspensivos quando não concordar, hipótese em que, à falta de negociação coletiva ou negociação coletiva exitosa, os interesses contrapostos serão referendados por um mediador, um árbitro ou um órgão jurisdicional.

A revogação, como ato bilateral em que as partes do acordo coletivo ou da convenção coletiva, consensualmente desfazem, total ou parcialmente, o instrumento coletivo pactuado[(337)], desvela-se como uma hipótese de resilição bilateral, figura também conhecida como distrato.

A revogação, portanto, consiste na hipótese em que a negociação coletiva superveniente à edição do acordo coletivo e da convenção coletiva é exitosa em desfazer, total ou parcialmente, o acordo coletivo ou a convenção coletiva anteriormente pactuada.

A prorrogação, a revisão e a denúncia são instrumentos aptos a disciplinar, inclusive, a convivência entre o acordo coletivo e a convenção coletiva, já que a coexistência e, consequentemente, a interação entre o acordo coletivo e a convenção coletiva não serão sempre coincidentes em relação ao período de vigência de ambos.

A regra do art. 620 da CLT, no sentido de que o acordo coletivo de trabalho sempre prevalecerá sobre a convenção coletiva, quando não satisfatória ou adequada ao interesse coletivo de determinado grupo ou categoria, pode ser ajustada pela negociação coletiva por meio da prorrogação, da revisão ou da revogação.

5.5. A relação de convivência entre o acordo coletivo de trabalho e a convenção coletiva de trabalho

A redação originária do art. 620 da CLT nada dispunha sobre a convivência do acordo coletivo e da convenção coletiva, porque, à época, compreendia-se o produto da negociação coletiva como sendo um contrato coletivo de trabalho.

---

(336) NASCIMENTO, Amauri Mascaro. Op. cit., 2015. p. 477.
(337) *Id.*

O art. 620 da CLT, com redação do Decreto-lei n. 229, de 28 de fevereiro de 1967, estabeleceu a regra de que as condições estabelecidas na convenção coletiva, quando mais favoráveis, prevalecerão sobre as condições estipuladas no acordo coletivo.

A doutrina e a jurisprudência brasileiras, até a edição do novo art. 620 da CLT pela Lei n. 13.467/2017, presumiam a existência de um conflito entre o acordo coletivo e a convenção coletiva simultaneamente vigentes. O critério para solucionar qual seria o instrumento normativo aplicável era o da norma que se apresentava, em seu contexto, mais favorável. A proposição da teoria do conglobamento, examinada no capítulo III desta dissertação, foi desenvolvida a partir do art. 620 da CLT associando a teoria das fontes do direito e os métodos de solução de antinomias ao princípio da norma mais favorável.

A teoria do conglobamento não se volta para a negociação coletiva como um direito social fundamental protegido pela liberdade sindical, pela representação sindical e pela autonomia privada coletiva. É consubstanciada na teleologia de que os diplomas coletivos devem promover melhores condições de trabalho e, assim, foca exclusivamente nas consequências da negociação coletiva aos contratos individuais do trabalho.

A antiga redação do art. 620 da CLT, de fato, presumia o conflito do acordo coletivo e da convenção coletiva simultaneamente vigentes, de modo que a eficácia — e, talvez, até mesmo a validade — do instrumento normativo estava condicionada ao exame do conjunto de normas que se apresentava mais benéfico ao trabalhador, o que fornecia o suporte normativo ideal à teoria do conglobamento e, ao mesmo tempo, o encaixe perfeito de sua proposição com os fundamentos de que a integração e a coordenação das normas coletivas autônomas, no Direito do Trabalho brasileiro, se dá por meio de uma hierarquia dinâmica, orientada segundo o princípio da norma mais favorável.

O *télos* da negociação coletiva, na teoria do conglobamento, é o interesse individual do trabalhador, sempre atendido quando lhe for aplicado o princípio da norma mais favorável. Embora destinada a tratar a relação entre normas coletivas, a teoria do conglobamento não consegue explicar 'como' e 'porquê' o conceito de norma mais favorável não é extraído levando-se em consideração o interesse coletivo, a liberdade sindical, a representação sindical e, principalmente, a autonomia privada coletiva.

Neste estudo, não entendo que a teleologia da negociação coletiva seja a edição de cláusulas normativas que traduzam o melhor sentido segundo o interesse individual do trabalhador. O *télos* da negociação coletiva é a regulamentação das condições de trabalho pelo exercício da autonomia privada coletiva, sob a orientação do interesse coletivo; este concebido como aquele de uma pluralidade de pessoas por um bem idôneo apto a satisfazer uma necessidade comum.(338)

Antes mesmo de a nova redação do art. 620 da CLT instituir a regra de que o acordo coletivo prevalece sobre a convenção coletiva, assinalava Amauri Mascaro Nascimento que a autonomia privada coletiva é o que consubstancia essa prevalência:

> "(...) Acrescentem-se as *relações entre si de normas criadas pela autonomia privada coletiva.* O acordo coletivo de empresa, quanto aos temas a ela específicos, terá força superior à da convenção coletiva da categoria, o que se justifica porque, se assim não fosse, não haveria razão de ser para o acordo coletivo e, de outro lado, porque o mesmo sindicato que assina a convenção coletiva da categoria é também signatário do acordo coletivo da empresa. (...)"(339)

Também em momento anterior à Lei n. 13.467/2017, Mônica Sette Lopes *apud* Ronaldo Lima dos Santos(340), indicava que o correto é privilegiar a norma mais concreta, e, desse modo mais específica, sobre a norma mais geral, pois o acordo coletivo estaria mais próximo da contingência especial da relação jurídico-trabalhista, sendo assim dotado de uma posição mais condizente com a realidade operacional-produtiva das partes.

Debruçando-se sobre o art. 620 da CLT com a redação do Decreto-lei n. 229, de 28 de fevereiro de 1967, Ronaldo Lima dos Santos(341) obtempera que o princípio da norma mais favorável, quando utilizado para cotejo entre o acordo coletivo e a convenção coletiva, não poderia ser aplicado *in abstracto*, mas considerando as condições fático-jurídicas que levaram à elaboração de cada norma e as implicações de cada uma delas no caso concreto, pois um acordo coletivo menos favorável pode apresentar-se mais idôneo para reger as peculiaridades da realidade da coletividade de trabalhadores para o qual foi elaborado.

O acordo coletivo e a convenção coletiva retiram seu fundamento de validade da própria Constituição Federal de 1988, inclusive dos mesmos dispositivos (art. 7º, incisos VI, XIII, XIV e XXVI), inexistindo hierarquia normativa

---

(338) PASSARELLI, Francesco Santoro apud SILVA, Walküre Lopes Ribeiro da. Op. cit., 2012. p. 356.

(339) NASCIMENTO, Amauri Mascaro. *Curso de direito do trabalho:* história e teoria geral do direito do trabalho: relações individuais e coletivas do trabalho. 26. ed. São Paulo: Saraiva, 2011. p. 524.

(340) LOPES, Mônica Sette apud SANTOS, Ronaldo Lima dos. Op. cit., 2007. p. 275.

(341) SANTOS, Ronaldo Lima dos. Op. cit., 2007. p. 275.

entre eles, ao passo que nenhum deles retira do outro seu fundamento de validade, o que afasta a possibilidade de utilizar as regras da *lex superior* para orientar sua aplicação. A regra *lex posterior derogat priori* não seria aplicada porque o acordo coletivo e a convenção coletiva não derrogam um ao outro pelo critério de anterioridade e sucessividade, porque ambos são autônomos, independentes e vigem nos respectivos prazos e nos correspondentes âmbitos de aplicação. Pelo mesmo motivo de que o acordo coletivo e a convenção coletiva não derrogam um ao outro, não se aplica também a regra da *lex especialis* para definir qual diploma coletivo a ser aplicado no caso concreto.[(342)]

A convivência entre o acordo coletivo e a convenção coletiva não sugere a hipótese de conflito normativo à luz dos critérios e das regras tradicionais para a solução de antinomias.

O conflito entre o acordo coletivo e a convenção coletiva ancora-se na intepretação de que deve prevalecer o diploma coletivo negociado que apresenta as melhores condições de trabalho. Trata-se, de uma antinomia especialmente criada aos diplomas coletivos, os quais são regidos pelas regras, princípios e institutos do Direito Coletivo do Trabalho, mas que se dá, contraditoriamente, pela interpretação e aplicação de princípios que constituem o Direito Individual do Trabalho: proteção, norma mais favorável, *in dubio pro operário* e condição mais benéfica.

Para Túlio de Oliveira Massoni e Douglas Alencar Rodrigues[(343)], a interpretação da relação entre os níveis de negociação coletiva de trabalho com fulcro no princípio da norma mais favorável não foi bem enunciada no Brasil, especialmente porque, no direito estrangeiro, há relativo consenso de que o referido princípio não incide sobre as relações coletivas.[(344)] No Brasil, Arion Sayon Romita[(345)] ensinava que, no fundo, em um Estado democrático, inexiste conflito entre autonomia privada coletiva e norma mais favorável.[(346)]

De fato, a ideia de conflito entre o acordo coletivo e a convenção coletiva é contrária à plasticidade e à capacidade que a negociação coletiva tem de atender dinamicamente o interesse coletivo segundo as peculiaridades de cada setor, grupo ou categoria econômica e profissional. Essa ideia parece ainda mais incompatível em um ordenamento jurídico plurinormativo que impõe, em nível constitucional, o reconhecimento do acordo coletivo e da convenção coletiva de trabalho, e, assim, uma negociação coletiva descentralizada.

---

(342) SANTOS, Ronaldo Lima dos. Op. cit., 2007. p. 273.

(343) ROMITA, Arion Sayão. Op. cit., 2012. p. 79.

(344) RODRIGUES, Douglas Alencar; MASSONI, Túlio de Oliveira. A prioridade aplicativa do acordo coletivo de empresa no direito do trabalho. *Revista TST*, v. 84, n. 4, p. 45-81, out./dez., 2018, p. 78.

(345) ROMITA, Arion Sayão. Op. cit., 2012. p. 79.

(346) *Id.*

Se o acordo coletivo e a convenção coletiva têm origem na negociação coletiva, cujo processo de elaboração é centralizado nos próprios destinatários da norma, conforme suas aspirações e a partir de um diálogo de concessões recíprocas(347), é até mesmo natural, para que se reconheça a legitimidade do processo democrático e social que lhes dá origem, a inexistência de conflitualidade.

Quando se admite o conflito entre o acordo coletivo e a convenção coletiva, tal como o faz a teoria do conglobamento, se reduz o significado e o conteúdo da liberdade sindical coletiva, vista como garantia conferida ao sindicato de representar a categoria profissional e econômica por meio da negociação coletiva.(348) O dilema da 'norma coletiva mais favorável' acaba por restringir a liberdade do sindicato, perante o Estado, para representar e autorregulamentar os interesses coletivos na negociação coletiva.

Amauri Mascaro Nascimento(349), lecionava que, no ordenamento jurídico brasileiro, existem diversos níveis de negociação (a empresa, a categoria, diversas categorias ou, até mesmo, os trabalhadores como um todo) e, de acordo com respectiva instância e dimensão, podem agir com absoluta autonomia, com independência ou integração, relacionando-se segundo uma divisão de competências.

A descentralização da negociação coletiva no ordenamento jurídico brasileiro é apontada ao menos em três níveis por Ricardo José Macêdo de Britto Pereira, Cristine Helena Cunha e Leonardo Henrique Berkembrock:

> "(...) A ideia de negociação coletiva em níveis é sentida ao menos em três planos no ordenamento jurídico brasileiro. O primeiro, de ordem institucional, diz respeito à organização sindical pelo sistema confederativo em diferentes níveis; sindicato, federação e confederação. O segundo, de ordem espacial, relacionado a representação da entidade sindical em diferentes níveis territoriais: municipal, intermunicipal, estadual, interestadual e nacional. O terceiro, de ordem subjetiva, contempla os diferentes níveis de interesses coletivos, vez que estes interesses podem ser representados através de acordos coletivos e/ou convenções coletivas de trabalho. (...)"(350)

---

(347) RODRIGUES, Douglas Alencar. MASSONI, Túlio de Oliveira. Op. cit., 2018. p. 51.

(348) FRANCO FILHO, Georgenor de Souza *apud* FREDIANI, Yone. *Direito do trabalho coletivo administrativo, ambiental e internacional. In:* DELGADO, Mauricio Godinho; DELGADO, Gabriela Neves (Orgs.). *Liberdade Sindical.* v. 3 (Coleção doutrina essenciais), p. 388-403, São Paulo: RT, 2012. p. 391.

(349) NASCIMENTO, Amauri Mascaro. Op. cit., 2015. p. 418.

(350) PEREIRA, Ricardo José Macedo de Brito; CUNHA, Cristine Helena. BERKEMBROCK, Leonardo Henrique. Op. cit., p. 240-241.

O ordenamento jurídico trabalhista brasileiro, especialmente a partir da Constituição de 1988, é arquitetado por uma negociação coletiva descentralizada e articulada em níveis de empresa ou categoria. Dois são os requisitos mínimos para que essa arquitetura tenha efetividade. O primeiro, de que a eficácia da norma coletiva deve ser definida pela negociação coletiva. Cabe à negociação coletiva decidir, em última análise, qual será o diploma coletivo cuja eficácia é prevalecente. O segundo, de que a lei, ao estabelecer uma regra de convivência entre diplomas coletivos, para que não agrida os institutos e princípios que consubstanciam o Direito Coletivo do Trabalho, deve presumir que o diploma coletivo com menor abrangência prevalece sobre o de maior abrangência. Esse tipo de regra protege a negociação coletiva, porque evita o intervencionismo estatal na interação entre o acordo coletivo e a convenção coletiva de trabalho. Esses dois requisitos impulsionam a negociação coletiva como método efetivo na regulação das condições de trabalho.

Nesse modelo de negociação coletiva, conforme ponderam Túlio de Oliveira Massoni e Douglas Alencar Rodrigues[(351)], o sindicato profissional que celebrou a convenção coletiva celebrou o acordo coletivo, sendo o responsável por ponderar e optar, segundo o interesse coletivo que representa, se o acordo coletivo continuará — ou não — a prevalecer sobre a convenção coletiva de trabalho.

A Lei n. 13.467/2017 trouxe ao art. 620 da CLT uma nova regra de convivência entre o acordo coletivo e a convenção coletiva de trabalho. Estatui que as condições estabelecidas em acordo coletivo de trabalho sempre prevalecerão sobre as estipuladas em convenção coletiva de trabalho. Põe-se um ponto final na ideia de conflitualidade entre o acordo coletivo e a convenção coletiva de trabalho simultaneamente vigentes e elimina-se o critério da norma coletiva mais benéfica como fator de eficácia dos referidos contratos coletivos de trabalho.

Inexistindo conflitualidade, não há antinomia entre o acordo coletivo e a convenção coletiva e são inaplicáveis os critérios de solução de antinomia tradicionais (*lex superior*, *lex posterior derogat priori* e *lex especialis*) e especiais (proteção, norma mais favorável, *in dubio pro operario* e condição mais benéfica) à convivência dos referidos diplomas coletivos.

Conclui-se que o art. 620 da CLT, com redação da Lei n. 13.467/2017, ao eliminar a ideia de conflito entre o acordo coletivo e a convenção coletiva, reconhece a importância da descentralização da negociação coletiva no ordenamento jurídico brasileiro, reforça a capacidade e a legitimidade das entidades sindicais na solução do conflito coletivo do trabalho; e, ao tratar a convivência dos referidos diplomas coletivos, potencializa o significado dos princípios da autonomia privada coletiva, da liberdade sindical e da representação sindical.

---

(351) RODRIGUES, Douglas Alencar; MASSONI, Túlio de Oliveira. Op. cit., 2018. p. 78.

CONCLUSÃO

Ao examinar a coexistência do acordo coletivo e da convenção coletiva — que são dois atos jurídicos autônomos e independentes — a partir da negociação coletiva como elemento de constituição e de singularidade desses diplomas coletivos, o discurso jurídico argumentativo deste estudo propõe que não há nesse fato jurídico — a coexistência — uma hipótese presumida de conflito normativo, mas uma presunção de livre manifestação da autonomia da vontade dos criadores da norma coletiva, ao criar seu próprio estatuto jurídico e atender a interesses coletivos próprios e específicos, o que impede a comparação normativa entre o acordo coletivo e a convenção coletiva por meio da norma ou da condição mais favorável segundo o interesse individual do trabalhador, salvo se assim o queira a própria negociação coletiva ou se esta reproduzir uma condição de conflituosidade entre os diplomas coletivos.

A autonomia privada coletiva precede à edição do acordo coletivo e da convenção coletiva, e, por ser própria e individualizada em cada um desses instrumentos autocompositivos, a relação jurídica e as consequências jurídicas instauradas por cada um são independentes, autônomas e específicas, à exceção dos casos em que a própria negociação coletiva estabelecer a comunicação ou a vinculação entre elas, quando, então, poderá surgir o conflito entre normas coletivas.

A negociação coletiva, como um fenômeno jurídico que consubstancia os valores, os institutos, as regras e os princípios do ordenamento jurídico plurinormativo, do modelo sindical protegido pela liberdade e do Estado Democrático de Direito, no Brasil, é estruturada em níveis, e essa descentralização, indicada no inciso XXVI do art. 7º da Constituição Federal de 1988, é o que afasta a proposição de conflito entre o acordo coletivo e a convenção coletiva, e sustenta que a convivência entre eles é pacífica.

Conclui-se que o acordo coletivo e a convenção coletiva não são o mesmo ato jurídico e não produzem cláusulas normativas destinadas a regular o mesmo fato jurídico, razão pela qual não existe hierarquia entre o acordo coletivo de trabalho e a convenção coletiva de trabalho; um não encontra no outro o seu fundamento de validade e não há entre eles relação de supletoriedade, complementaridade ou suplementaridade, a não ser que assim o queiram expressamente os atores coletivos legitimados pelo exercício da autonomia privada coletiva.

A interpretação proposta ao vigente art. 620 da CLT é a de que o acordo coletivo de trabalho sempre prevalecerá sobre a convenção coletiva de trabalho, salvo se a negociação coletiva dispuser de outro modo.

REFERÊNCIAS

AMARAL NETO, Francisco dos Santos *apud* SILVA, Walküre Lopes Ribeiro da. *Direito do trabalho coletivo administrativo, ambiental e internacional. In:* DELGADO, Mauricio Godinho; DELGADO, Gabriela Neves (Orgs.). *Autonomia privada coletiva e o direito do trabalho.* v. 3 (Coleção doutrina essenciais), p. 349-363, São Paulo: RT, 2012.

ARENDT, Hanna; AGOSTINHO, Santo *apud* SANTOS, Ronaldo Lima dos. *Teoria das normas coletivas.* São Paulo: LTr, 2007.

BALTAR, Paulo Eduardo de Andrade; DEDECCA, Claudio Salvadori. *Notas sobre o Mercado de Trabalho no Brasil durante a Industrialização Restringida.* In. *Centro de estudos sindicais e de economia do trabalho*: Carta Social e do Trabalho, Campinas, n. 31, p. 2-18, jul./set., 2015.

BARROS, Alice Monteiro. *Curso de direito do trabalho.* 10. ed. São Paulo: LTr, 2016.

BITTAR, Eduardo Carlos Bianca. *Introdução ao estudo do direito*: humanismo, democracia e justiça. São Paulo: Saraiva Educação, 2018. p. 78-81.

BOBBIO, Norberto. *O positivismo jurídico*: Lições de filosofia do direito. São Paulo: Ícone, 1995.

BOBBIO, Norberto *apud* SILVA, Walküre Lopes Ribeiro da. *Direito do trabalho coletivo administrativo, ambiental e internacional.* In: DELGADO, Mauricio Godinho; DELGADO, Gabriela Neves (Orgs.). *Autonomia privada coletiva e o direito do trabalho.* v. 3 (Coleção doutrina essenciais), p. 349-363, São Paulo: RT, 2012.

BONAVIDES, Paulo. Os direitos fundamentais e a globalização. *Revista da Procuradoria-Geral do Estado do Rio Grande do Sul*, Porto Alegre, v. 25, n. 56, p. 63-74, jul./dez., 2002.

BRASIL. Constituição (1891). *Constituição da República dos Estados Unidos do Brasil*: promulgada em 24 de fevereiro de 1891. Disponível em: <https://www.planalto.gov.br/ccivil_03/constituicao/constituicao91.htm>. Acesso em: 09 mar. 2021.

BRASIL. Constituição (1934). *Constituição da República dos Estados Unidos do Brasil*: promulgada em 16 de julho de 1934). Disponível em: <https://www2.camara.leg.br/login/fed/consti/1930_1939/constituicao_1934_16_julho_1934_365196publicacaooriginal_1_pl.html>. Acesso em: 02 out. 2021.

BRASIL. Constituição, (1988). *Constituição da República Federativa do Brasil*: promulgada em 5 de outubro de 1988. Disponível em: <http://www.planalto.gov.br/ccivil_03/constituicao/constituicao.htm>. Acesso em: 08 mar. 2021.

BRASIL. *Decreto n. 19.770, de 19 de março de 1931*. Regula a sindicalisação das classes patronaes e operárias e dá outras providências. Rio de Janeiro: Presidência da República, mar. 1931. Disponível em: <http://www.planalto.gov.br/ccivil_03/constituicao/constituicao.htm>. Acesso em: 13 mar. 2021.

BRASIL. *Decreto n. 21.761, de 23 de agosto de 1932*. Institui a Convenção Coletiva de Trabalho. Rio de Janeiro: Presidência da República, ago. 1932. Disponível em: <https://www2.camara.leg.br/legin/fed/decret/1930-1939/decreto-21761-23-agosto-1932-526768-publicacaooriginal-1-pe.html>. Acesso em: 13 mar. 2021.

BRASIL. *Decreto-lei n. 5.452, de 1º maio de 1943*. Aprova a Consolidação das Leis do Trabalho. Rio de Janeiro: Presidência da República, maio. 1943. Disponível em: <http://www.planalto.gov.br/ccivil_03/decreto-lei/del5452.htm>. Acesso em: 27 out. 2021.

BRASIL. *Lei n. 10.406, de janeiro de 2002*. Institui o Código Civil. Brasília: Presidência da República, jan. 2002. Disponível em: <http://www.planalto.gov.br/ccivil_03/leis/2002/l10406compilada.htm>. Acesso em: 25 out. 2021.

BRITO, Fausto. *O deslocamento da população brasileira para as metrópoles*. Instituto de Estudos Avançados da Universidade de São Paulo. v. 20, n. 57, São Paulo, maio/ago., 2006. Disponível em: <http://dx.doi.org/10.1590/S0103-40142006000200017>. Acesso em: 09 mar. 2021.

CARELLI, Rodrigo de Lacerda. *A razão neoliberal e a Justiça do Trabalho*: uma comparação entre o Chile de Pinochet e o Brasil de Temer-Bolsonaro. *Revista da ABET*, v. 20, n. 2, p. 380-392, jul./dez., 2021.

CARVALHO, Augusto César Leite de. *Direito do trabalho*: curso e discurso. São Paulo: LTr, 2016.

CESARINO JUNIOR, Antônio Ferreira. *Direito social brasileiro*: direito individual do trabalho. 2. ed. v. 2, São Paulo: Saraiva, 1970.

CIGOLINI, Adilar Antonio. *Território e criação de municípios no Brasil*: uma abordagem histórico-geográfica sobre a compartimentação do espaço. Florianópolis, 2009, 268885, Tese (Doutorado) Programa de Pós-Graduação em Geografia. Universidade Federal de Santa Catarina.

CJF. *I JORNADA DE DIREITO CIVIL*. Enunciado n. 4, I Jornada de Direito Civil, 2012. Disponível em: <https://www.cjf.jus.br/enunciados/enunciado/650>. Acesso em: 25 out. 2021.

COLUMBU, Francesca; MASSONI, Túlio de Oliveira. *Direito material e processual do trabalho constitucionalizados*. *In:* NETO, Alberto Nemer; ROCHA, Cláudio Jannotti da. PIMENTA, José Roberto Freire; PEREIRA, Ricardo José Macedo de Britto (Orgs.). *O atual sindicalismo brasileiro*: representação, negociação coletiva e custeio. v. 1. p. 399-428, Porto Alegre: Lex Magister — OAB Nacional, 2020.

________. *O Supremo Tribunal Federal e o esvanecer dos direitos sociais: leading case* sobre trabalho regulado e seguridade social. In: *Sindicatos, autonomia privada coletiva e ordem democrática*: análise da decisão do STF no ARE 1.121.633. cap. 13, p. 303-319. Londrina: Thoth, 2021.

COSTA, Luciana Salles Worms; BORGES, Welington. *Brasil Século XX ao pé da letra da canção popular*. Curitiba: Nova Didática, 2002, p. 24 *apud* MAIOR, Jorge Luiz Souto. *História do direito do trabalho no Brasil*: curso de direito do trabalho. vol. I: parte 2. São Paulo: LTr, 2017.

CRISTALDO, Heloisa. Ministério do Trabalho lança ferramenta com informações de entidades sindicais. *Agência Brasil*. 09.05.2017. Disponível em: <https://agenciabrasil.ebc.com.br/geral/noticia/2017-05/ministerio-do-trabalho-lanca-ferramenta-com-informacoes-de-entidades-sindicais>. Acesso em: 12 mar. 2021.

DELGADO, Mauricio Godinho. *Curso de direito do trabalho*. 14. ed. São Paulo: LTr, 2015.

________. *Direito coletivo do trabalho*. 6. ed. São Paulo: LTr, 2015.

DELGADO, Mauricio Godinho; DELGADO, Gabriela Neves. *Constituição da República e direitos fundamentais*: Dignidade da pessoa humana e Justiça Social do Trabalho. 3. ed. São Paulo: LTr, 2015.

DELGADO, Mauricio Godinho; PIMENTA, José Roberto Freire; NUNES, Ivana. O paradigma do Estado Democrático de Direito: estrutura conceitual e desafios contemporâneos. *Revista Jurídica*, Curitiba, v. 2, n. 55, p. 485-515, 2019.

DIAS, Carlos Eduardo Oliveira. *Entre os cordeiros e lobos*: reflexões sobre os limites da negociação coletiva nas relações de trabalho: a autonomia coletiva privada e a conformação das relações de trabalho no Brasil. São Paulo, 2008, Tese (Mestrado) Programa de Pós-Graduação em Direito. Pontifícia Universidade Católica de São Paulo, p. 146. Disponível em: <https://tede2.pucsp.br/handle/handle/8368>. Acesso em: 13 fev. 2022.

FELICIANO, Guilherme Guimarães. *Curso crítico do direito do trabalho*: teoria geral do direito do trabalho. São Paulo: 2013.

FONSECA, Pedro Cezar; SALOMÃO, Ivan Colangelo. Industrialização brasileira: notas sobre o debate historiográfico. *Revista Tempo*. v. 23, n. 1, p. 86-104, jan./abr., 2017, p. 99. Disponível em: <https://www.scielo.br/pdf/tem/v23n1/1980-542X-tem-23-01-00086.pdf>. Acesso em: 11 mar. 2021.

FREDIANI, Yone. *Direito do trabalho coletivo administrativo, ambiental e internacional*. In: DELGADO, Mauricio Godinho; DELGADO, Gabriela Neves (Orgs.). *Liberdade sindical*. v. 3 (Coleção doutrina essenciais), p. 388-403, São Paulo: RT, 2012.

GAGLIANO, Pablo Stolze; PAMPLONA FILHO, Rodolfo. *Novo curso de direito civil*. 4. ed. v. 4, Tomo 1, São Paulo, Saraiva: 2008.

GIUGNI, Gino. *Diritto sindicale*. Bari: Cacucci, 2014.

GIUNU, Gino *apud* SILVA, Walküre Lopes Ribeiro da. *Direito do trabalho coletivo administrativo, ambiental e internacional*. In. DELGADO, Mauricio Godinho; DELGADO, Gabriela Neves (Orgs.). *Autonomia privada coletiva e o direito do trabalho*. v. 3 (Coleção doutrinas essenciais), p. 349-363, São Paulo: RT, 2012.

GOLDMACHIER, Marcela. *Trabalhadores em greve, polícia em guarda*: greves e repressão policial na formação da classe trabalhadora carioca. coord. Marcelo Badaró Matos. Rio de Janeiro: Bom Texto, 2004, p. 110 *apud* MAIOR, Jorge Luiz Souto. *História do direito do trabalho no Brasil*: curso de direito do trabalho. v. I: parte 2. São Paulo: LTr, 2017.

GOMES, José Jairo. *Direito eleitoral*. 14. ed., rev., atual., ampl. São Paulo: Atlas, 2018.

________. *Contratos*. 4. ed. Rio de Janeiro: Forense, 1973.

GONÇALVES, Carlos Roberto. *Direito civil brasileiro*. 17. ed., v. 3, São Paulo: Saraiva, 2020.

GUIMARÃES, Deocleciano Torrieri. *Dicionário técnico jurídico*. 14. ed. São Paulo: Riddel, 2019.

GUSMÃO, Paulo Dourado de. *Introdução ao estudo do direito*. 33. ed. Rio de Janeiro: Forense, 2003.

HÄBERLE, Peter. *Estado constitucional cooperativo*. Traduzido por Marcos Augusto Maliska e Elisete Antoniuk. Rio de Janeiro: Renovar, 2007.

HABERMAS, Jügen. *Sobre a constituição da europa*. Traduzido por Denilson Luis Werle, Luiz Repa e Rúrion Melo. São Paulo: Unesp, 2012.

LONGHI, Dânia Fiorin. *Teoria do conglobamento:* conflito de normas no contrato de trabalho. São Paulo: LTr, 2009.

MAGANO, Octávio Bueno; MALLET, Estêvão. *O direito do trabalho na Constituição*. 1. ed. Rio de Janeiro: Forense, 1993.

MAIOR, Jorge Luiz Souto. *História do direito do trabalho no Brasil*: curso de direito do trabalho. v. I: parte 2. São Paulo: LTr, 2017.

MALUF, Sahid. *Teoria geral do Estado*. Atualizado por Miguel Alfredo Malufe Neto. 34. ed. São Paulo: Saraiva Educação, 2018.

MARTINEZ, Luciano. *Curso de direito do trabalho*. 12. ed. São Paulo: Saraiva, 2021.

MARTINS, Sérgio Pinto. *Direito do trabalho*. 24. ed. São Paulo: Atlas, 2008.

________. *Pluralismo do direito do trabalho*. 2. ed. São Paulo: Saraiva, 2016.

MASSONI, Túlio de Oliveira. *Direito Internacional do Trabalho e Direitos Humanos:* estudos e reflexões por ocasião do centenário da OIT. In. MAISTRO JUNIOR, Gilberto Carlos (Coord). *Liberdade sindical e direitos humanos*. Indaiatuba, SP: Editora Foco, 2020.

________. *Representação e representatividade das organizações sindicais de trabalhadores no contexto da liberdade sindical*. São Paulo, 2006, Tese (Mestrado). Programa de Pós-Graduação em Direito. Universidade de São Paulo.

________. *Representatividade sindical*. São Paulo: LTr, 2007.

MENDES, Gilmar Ferreira; BRANCO, Paulo Gustavo Gonet. *Curso de direito constitucional*. 14. ed. São Paulo: Saraiva, 2019. p. 1489.

MORAES, Alexandre de. *Direito constitucional*. 24. ed. São Paulo: Atlas, 2009.

MORAES FILHO, Evaristo de. *O problema do sindicato único no Brasil*. 2. ed. São Paulo: Alfa-Omega, 1978.

NASCIMENTO, Amauri Mascaro. *Compêndio de direto sindical*. 8. ed. São Paulo: LTr, 2015.

________. *Curso de direito do trabalho*: história e teoria geral do direito do trabalho: relações individuais e coletivas do trabalho. 26. ed. São Paulo: Saraiva, 2011.

NEGOCIAÇÃO COLETIVA: Guia de Políticas/departamento de Governação e tripartismo, Departamento de igualdade e condições de trabalho. OIT. 2015, p. 3. Disponível em: <https://www.ilo.org/wcmsp5/groups/public/---europe/---ro-geneva/---ilo-lisbon/documents/publication/wcms_714849.pdf>. Acesso em: 08 fev. 2022.

OIT. Disponível em: <https://www.ilo.org/dyn/normlex/es/f?p=NORMLEXPUB:12100:0::NO:12100:P12100_INSTRUMENT_ID:312429:NO>. Acesso em: 03 mar. 2022.

OIT. *CONVENÇÃO 98*. Disponível em: <https://www.ilo.org/brasilia/convencoes/WCMS_235188/lang--pt/index.htm>. Acesso em: 10 jan. 2022.

OIT. *CONVENÇÃO 154*. Disponível em: <https://www.ilo.org/brasilia/convencoes/WCMS_236162/lang--pt/index.htm>. Acesso em: 10 jan. 2022.

ONU. *Declaração Universal de Direitos Humanos*. Assembleia-Geral das Nações Unidas, 1948. Disponível em: <https://www.unicef.org/brazil/declaracao-universal-dos-direitos-humanos>. Acesso em: 06 out. 2021.

PEREIRA, Ricardo José Macedo de Brito; CUNHA, Cristine Helena; BERKEMBROCK, Leonardo Henrique. *O art. 620 da Consolidação das Leis do Trabalho:* a alteração introduzida pela Lei 13.467/2017 e a interpretação conforme a Constituição. In. *Revista de Direito do Trabalho e Seguridade Social*, São Paulo, v. 213, n. 46, p. 225-252, set./out., 2020.

PRADO, Roberto Barreto. *Tratado de direito do trabalho*. v. II, São Paulo: RT, 1967.

REALE, Miguel. *Filosofia do direito*. 19. ed., 3ª tiragem, São Paulo: Saraiva: 1999.

REGLA, Josep Aguiló. *Enciclopedia de Filosofia y Teoria del Derecho*. 1. ed. Universidad Nacional Autónoma de México: México, 2015, p. 1019-1020. Disponível em: <https://biblio.juridicas.unam.mx/bjv/detalle-libro/3796-enciclopedia-de-filosofia-y-teoria-del-derecho-volumen-dos>. Acesso em: 02 nov. 2021.

RODRIGUES, Douglas Alencar; MASSONI, Túlio de Oliveira. A prioridade aplicativa do acordo coletivo de empresa no direito do trabalho. *Revista TST*. v. 84, n. 4, p. 45-81, out./dez., 2018.

ROMITA, Arion Sayão. *Direito do trabalho coletivo administrativo, ambiental e internacional. In:* DELGADO, Mauricio Godinho; DELGADO, Gabriela Neves (Orgs.). *Princípios em conflito*: autonomia privada coletiva e norma mais favorável. O negociado sobre o legislado. v. 3 (Coleção doutrina essenciais), p. 67-83, São Paulo: RT, 2012.

________. *O poder normativo da justiça do trabalho:* antinomias constitucionais. In. *Revista TST*. v. 67, n. 2, p. 43-53, abr./jun., 2001, p. 46. Disponível em: <https://juslaboris.tst.jus.br/bitstream/handle/20.500.12178/52331/004_romita.pdf?sequence=1>. Acesso em: 15 maio 2021.

SANTORO-PASSARELLI, Francesco. *Noções de direito do trabalho*. Trad. Mozart Victor Russomano e Carlos Alberto G. Chiarelli. São Paulo: Revista dos Tribunais, 1973.

SANTOS, Enoque Ribeiro dos. *Processo coletivo do trabalho*. 2. ed. São Paulo: LTr, 2018.

SANTOS, Ronaldo Lima dos. *Teoria das normas coletivas*. São Paulo: LTr, 2007.

SARTRE, Jean-Paul. *A imaginação*. Trad. Paulo Neves. Porto Alegre: L&PM Pocket, 2011.

SILVA, Homero Batista Mateus da. *Curso de direito do trabalho aplicado*: direito coletivo do trabalho**.** 2. ed., v. 7, Rio de Janeiro: Elsevier, 2017.

SILVA, José Afonso da. *Curso de direito constitucional positivo*. 14. ed., rev., atual., São Paulo: Malheiros, 2014.

SILVA, Sayonara Grillo Coutinho Leonardo da. *Relações coletivas e configurações institucionais em um cenário de democracia*. Rio de Janeiro, 2008, 11178, Tese (Doutorado) Programa de Pós-Graduação em Direito. Pontifícia Universidade Católica do Rio de Janeiro, p. 75. Disponível em: <https://www.maxwell.vrac.puc-rio.br/colecao.php?strSecao=resultado&nrSeq=11178@1>. Acesso em: 07 mar. 2021.

SILVA, Walküre Lopes Ribeiro da. *Direito do trabalho coletivo administrativo, ambiental e internacional*. In: DELGADO, Mauricio Godinho; DELGADO, Gabriela Neves (Orgs.). *Autonomia privada coletiva e o direito do trabalho*. v. 3 (Coleção doutrina essenciais), p. 349-363, São Paulo: RT, 2012.

STF. *RECURSO EXTRAORDINÁRIO*: RExt 590.415 SC. Relator Ministro Roberto Barroso. DJ 29/05/2015, STF, 2015. Disponível em: <https://redir.stf.jus.br/paginadorpub/paginador.jsp?docTP=TP&docID=8590961>. Acesso em: 29 jan. 2022.

STRECK, Lenio Luiz. *Verdade e consenso*. 6. ed. São Paulo: Saraiva, 2017.

WARAT, Luís Alberto. *Revista sequência*. Santa Catarina, v. 6, n. 10, 1985.